GOTTES WILLEN FINDEN

ZAC POONEN

Gottes Willen finden

Zac Poonen

Titel der englischen Originalausgabe:
„Finding God's Will"

Herausgeber: Christian Fellowship Centre, Bangalore, Indien

Übersetzung und Koordination: Alois Mair
Lektorat: Ocka Bruns
Umschlagfoto: Christian Fellowship Centre, Bangalore
Druck: Booksfactory.de

ISBN:
Printausgabe: 978-81-933801-9-2
ePub (Neobooks.com): 978-3-8476-9080-1

Für weitere Details kontaktiere bitte:

Christian Fellowship Centre
40 DaCosta Square
Bangalore-560084, Indien
E-Mail: deutsch@cfcindia.com
Webseite: deutsch.cfcindia.com

Inhaltsverzeichnis

Dieses Buch und du

Viele Christen sind verwirrt darüber, wie sie Gottes Willen für ihr Leben finden können. Dieses Buch will versuchen, ihnen zu helfen. Es bietet keine perfekte Formel für unfehlbare Führung, denn die Bibel bietet eine solche nicht an. Wir müssen uns hüten, göttliche Führung nach Regeln statt geistlich zu suchen.

Dieses Buch ist nicht dazu da, dir alle Antworten zu geben. Sein Hauptzweck besteht darin, dich zu ermutigen, dich mehr auf den Heiligen Geist zu verlassen. Watchman Nee hat gesagt:

„Wir Menschen sollen keine ‚perfekten' Bücher schreiben. Perfektion birgt die Gefahr, dass ein Mensch ohne die Hilfe des Heiligen Geistes versteht. Sondern wenn Gott uns Bücher gibt, werden sie stets defekte Bruchstücke sein, nicht immer klar, stimmig und logisch, oft mit fehlenden Schlussfolgerungen, und doch kommen sie in unser Leben und sind uns dienlich. Göttliche Tatsachen kann man nicht sezieren und zusammenfassen und systematisieren. Nur der unreife Christ verlangt stets ein intellektuell zufriedenstellendes Ergebnis. Es ist das elementare Wesen von Gottes Wort, dass es immer und in erster Linie zu unserem Geist und zu unserem Leben spricht."

Möge dieses Buch nicht nur unserem Verstand Wissen vermitteln, sondern vor allem unserem Geist Leben geben.

Ein Wort zum Inhalt dieses Buches: Kein Absatz oder auch Kapitel ist in sich abgeschlossen, sondern muss im Kontext des ganzen Buches gelesen werden. In manchen Fällen kann ein ganz anderer Eindruck als beabsichtigt entstehen, wenn auch nur ein Satz im Buch ignoriert oder unaufmerksam gelesen wird. Ich möchte den Leser daher dringend bitten, das Buch langsam und sorgfältig zu lesen (möglichst zweimal), um die Botschaft richtig zu verstehen.

Kapitel 2 ist vielleicht das wichtigste Kapitel in diesem Buch. Wenn wir die Bedingungen erfüllen, um Gottes Willen zu finden, dann wird göttliche Führung mit Sicherheit ganz einfach zu finden sein. Wenn wir uns verheddern, dann in der Regel, weil irgendwelche Bedingungen in unserem Leben nicht erfüllt wurden. Möge der Herr jedem von uns helfen, ihn zu verherrlichen, indem wir wie im Himmel, so auf Erden seinen Willen tun.

Ich habe nicht die englische *King James*-Bibelübersetzung verwendet, damit uns deren archaische Sprache nicht daran hindert, die wahre Bedeutung zu verstehen. Ich habe stattdessen für alle Zitate aus der Heiligen Schrift moderne Bibelübersetzungen benutzt. Ich las einmal eine freie Übersetzung der Begebenheit in *Apostelgeschichte 8,30-31*. Philippus stellt dem äthiopischen Staatsmann die Frage: *„Verstehst du auch, was du da liest?"* Dieser antwortet: *„Wie kann ich, wenn mir nicht jemand eine moderne Übersetzung gibt?"*

Die Bibelzitate stammen aus der *„Amplified Bible"* (abgekürzt *„AB"*), falls nicht anders angegeben. Die Abkürzung *„JBP"* bezieht sich auf die *J.B. Philips*-Übersetzung des Neuen Testaments. *„TLB"* steht für *„The Living Bible"*, eine freie Übersetzung der Heiligen Schrift von Kenneth Taylor. *„NASB"* bezieht sich auf die *„New American Standard Bible."* Ich bin dankbar für die Erlaubnis, Zitate aus diesen Bibelübersetzungen verwenden zu können. Die Bibelzitate aus den obigen englischen Bibeln wurden frei ins Deutsche übersetzt.

Ich schulde einer Reihe von Dienern des Herrn Dank, die das Originalmanuskript dieses Buches durchgesehen und hilfreiche Vorschläge gemacht haben.

Zac Poonen

Kapitel 1

Gottes Plan für dein Leben

Die größte Ehre und das größte Privileg des Menschen ist es, Gottes Willen zu tun. Das war es, was der Herr Jesus seinen Jüngern beibrachte. Er sagte einmal, dass nur diejenigen, die den Willen des Vaters tun, in das Himmelreich kommen werden *(Mt 7,21)*. Er sagte auch, dass seine wahren Brüder und Schwestern diejenigen seien, die den Willen Gottes tun *(Mt 12,50)*.

Diesen Schwerpunkt gaben die Apostel getreu an ihre Generation weiter. Petrus verkündete, dass Gott die Menschen deshalb von Sünde befreit, damit sie seinen Willen tun können *(1Pt 4,1-2)*. Paulus stellte fest, dass Gläubige eine neue Schöpfung in Christus Jesus sind, damit sie auf einem Weg gehen können, den Gott schon vorher für sie bereitet hat. Er ermahnte daher die Christen in Ephesus, nicht unweise zu sein, sondern den Willen des Herrn für ihr Leben zu verstehen *(Eph 2,10; 5,17)*. Er betete, dass die Christen in Kolossä mit der Erkenntnis von Gottes Willen erfüllt sein mögen. Er sagte ihnen, dass sein Mitarbeiter Epaphras ebenfalls für sie betete, damit sie den ganzen Willen Gottes erfüllen mögen *(Kol 1,9; 4,12)*. Der Apostel Johannes lehrte, dass nur diejenigen, die den Willen Gottes tun, in Ewigkeit bleiben werden *(1Joh 2,17)*.

Diese Betonung findet man in unserer Zeit und in unserer Generation leider selten. Daraus resultieren die Oberflächlichkeit und die Kraftlosigkeit eines durchschnittlichen Christen heutzutage. Man drängt die Menschen zu Jesus zu kommen, aber nur zur Vergebung der Sünden. Zur Zeit der Apostel wurde den Menschen gesagt, dass Vergebung der Sünden nur der Auftakt zu einem Leben ist, das der Erfüllung des ganzen Willens Gottes gewidmet ist.

Apostelgeschichte 13,22 bedeutet wohl, dass David „ein Mann nach Gottes Herzen" genannt wurde, weil er allein den Willen Gottes tun wollte. David selbst sagt uns an anderer Stelle, dass er Freude daran hatte, den Willen Gottes zu tun *(Ps 40,9)*. Er war kein perfekter Mensch. Er beging viele Sünden, einige sehr ernste, für die Gott ihn schwer strafen musste. Doch Gott vergab ihm und hatte Gefallen an ihm, weil David im Grunde seines Herzens den ganzen Willen Gottes tun wollte. Das ermutigt uns zu glauben, dass auch wir trotz unserer Fehler Männer und Frauen nach Gottes Herzen sein können – wenn unser Herz nur darauf ausgerichtet ist, seinen Willen zu tun.

Das Neue Testament hält Gläubige dazu an, so wie Jesus zu leben und seinem Vorbild nachzufolgen *(1Joh 2,6)*. Der Leitsatz über dem ganzen Leben und Dienst Jesu war es, den Willen seines Vaters zu tun. Er tat nichts, bis der Vater es ihm auftrug. Und wenn er dann aufbrach, konnten ihn weder die Drohungen seiner Feinde noch das Flehen seiner Freunde abhalten, das zu tun, was der Vater von ihm verlangte. Seine tägliche Speise war es, den Willen seines Vaters zu tun *(Joh 4,34)*. Während Menschen Nahrung für ihren Leib begehren, begehrte Jesus, den Willen dessen zu tun, der ihn gesandt hatte.

Jeder Christ sollte einen ähnlichen Hunger haben, den ganzen Willen Gottes zu tun. Wie leicht ist es, *„Dein Wille geschehe auf Erden wie im Himmel"* zu beten und dann einfach zu tun, was uns gefällt, ohne Gottes Führung in unserem täglichen Leben zu suchen.

Gottes Plan ist der beste

Es ist der Gipfel der Torheit, Gottes Führung nicht zu suchen. Wenn du in stockdunkler Nacht allein in einem dunklen Wald wärst und nicht wüsstest, wohin du gehen sollst, wärest du froh, jemanden bei dir zu haben, der jeden Quadratmeter des Waldes kennt und dem du völlig vertrauen kannst. Du würdest ihm bald ohne Fragen zu stellen folgen, welchen Weg er auch einschlüge. Es wäre töricht, seinen Rat zu ignorieren und ohne Hilfe in diesen dunklen und dichten

Wald voller verborgener Gefahren zu gehen. Doch viele Christen tun genau das.

Nichts könnte dunkler sein als die Zukunft. Wir können nicht sehen, was vor uns liegt. Aber wir müssen vorangehen.

Manchmal kommen wir in unserem Leben an einen Scheideweg, wenn wir Entscheidungen mit weitreichenden Konsequenzen treffen müssen. Entscheidungen wie die Berufswahl oder die Wahl eines Ehepartners beeinflussen unsere ganze Zukunft. Wie sollen wir uns in diesen Fragen entscheiden? Wir wissen nichts von den Gefahren und verborgenen Fallgruben, die an jedem Weg liegen. Wir wissen nichts von den Fallstricken Satans, die er für uns ausgelegt hat. Und doch müssen wir uns für einen Weg entscheiden.

Es wäre daher nicht nur wünschenswert, sondern notwendig, in solchen Zeiten jemanden an unserer Seite zu haben, dem wir völlig vertrauen können und der die ganze Zukunft kennt. Im Herrn Jesus Christus haben wir genau diese Person und er ist mehr als bereit, uns den sichersten und besten Pfad zu führen.

Die Bibel lehrt, dass Gott für jeden von uns einen ganz bestimmten Plan hat *(Eph 2,10)*. Er hat unsere berufliche Laufbahn geplant, einen Lebenspartner für uns ausgewählt und sogar geplant, wo wir leben und was wir jeden Tag tun sollen. In jedem Fall muss seine Wahl die beste sein, denn er kennt uns so gut und er zieht jeden Faktor in Betracht. Dann ist es doch am weisesten, in allen Angelegenheiten – in großen und in kleinen – seinen Willen zu suchen.

Es ist nicht nur töricht, sondern auch gefährlich, allein den Überlegungen unseres begrenzten Verstandes und dem Diktat unserer Gefühle zu folgen. Wenn wir nicht ganz überzeugt sind, dass Gottes Plan tatsächlich der Beste ist, werden wir ihn wahrscheinlich nicht ernsthaft suchen.

Viele haben in ihrem Leben Schiffbruch erlitten, weil sie es versäumten, schon in ihrer Jugend Gottes Willen zu suchen. Es ist in der Tat *„ein köstlich Ding für einen Mann, dass er das Joch in seiner Jugend trage" (Kl 3,27)*. In *Matthäus 11,28-30* lädt uns Jesus ein, sein Joch auf uns zu nehmen. Was bedeutet es, dieses Joch auf uns zu nehmen? Zwei Ochsen, die zusammen ein Feld pflügen sollen, gehen unter einem Joch auf ihrem Nacken, das beide zusammenhält. Wenn ein junger Ochse das Pflügen lernen soll, wird er mit einem erfahrenen Ochsen zusammengespannt. Der neue Ochse wird so gezwungen, in dieselbe Richtung und mit derselben Geschwindigkeit wie der ältere Ochse zu gehen.

Das bedeutet es, das Joch Jesu auf sich zu nehmen. Wir werden mit Jesus den Weg gehen müssen, der ihm gefällt, dabei nie ohne seine Führung vorauseilen, noch hinterherhinken, wenn er uns zu einem neuen Gehorsamsschritt ruft. Wenige verstehen diese Bedeutung des Jochs. Noch weniger sind bereit, es auf sich zu nehmen. Dem Ochsen wird das Joch aufgezwungen. Aber Jesus lädt uns ein. Hier gibt es keinen Zwang. Wie töricht sind wir, diese Einladung abzulehnen! Lieber nehmen wir das schwere Joch unseres Eigenwillens mit den dazugehörigen Frustrationen, Niederlagen und Gefühlen des Bedauerns als das leichte Joch Jesu, das wahre Freiheit und tiefe Ruhe bringt, auf uns!

„Kommt her zu mir und ich werde euch Ruhe geben – alle, die ihr euch so hart unter einem schweren Joch abmüht. Tragt mein Joch … und erlaubt mir, euch zu lehren (wie der ältere Ochse den unerfahrenen Ochsen lehrt) … und ihr werdet Ruhe finden für eure Seelen; denn ich lege euch nur leichte Lasten auf“ (Mt 11,28-30; TLB).

Wir lesen von Henoch, dass er *„mit Gott wandelte“ (1Mo 5,22),* d. h. er eilte nicht voraus und hinkte nicht hinterher, sondern wandelte als einer, der auf Gottes festgesetztem Pfad unter dem Joch war – 300 Jahre lang. Als Folge davon bezeugte Gott, dass er an Henochs Leben Wohlgefallen hatte *(Hebr 11,5).* Das ist der einzige Weg, wie wir Gott gefallen können – indem wir unter seinem Joch, in seinem perfekten Willen leben und wandeln. Nur auf diese Weise werden wir ohne Bedauern vor ihm stehen können, wenn er wiederkommt.

Gottes Plan verfehlen

Es ist für einen Christen möglich, Gottes perfekten Plan für sein Leben zu verfehlen. Saul wurde von Gott auserwählt, König über Israel zu sein, aber schließlich musste ihn Gott wegen seiner Ungeduld und seines Ungehorsams verwerfen. Zwar blieb er noch einige Jahre auf dem Thron, aber er hatte Gottes Willen für sein Leben verfehlt. Salomo ist ein weiteres Beispiel dafür. Er gefiel Gott in den ersten Jahren seiner Herrschaft, aber später fiel er ab, weil er heidnische Frauen heiratete.

Im Neuen Testament werden wir zweimal ermahnt, uns vom Beispiel der Israeliten, die in der Wüste umkamen, warnen zu lassen. Gottes vollkommener Wille für sie war der Einzug in das Land Kanaan. Aber alle außer zweien verwirkten Gottes Bestes für sie durch Unglauben und Ungehorsam *(1Kor 10,1-12; Hebr 3,7-14)*. Viele Christen haben in ähnlicher Weise durch Ungehorsam und Kompromisse – oft bei der Partnerwahl oder bei der Berufswahl – Gottes perfekten Plan für ihr Leben verfehlt.

G. Christian Weiss berichtet in seinem Buch *„The Perfect Will of God“* von einem Lehrer an einer Bibelschule, der seinen Studenten eines Tages sagte: „Ich habe den Großteil meines Lebens nur für Gottes Zweitbestes gelebt.“

Gott hatte ihn in seiner Jugend berufen, ein Missionar zu sein, aber wegen seiner Heirat entzog er sich dieser Berufung. Er begann dann ein selbstsüchtiges Leben als Geschäftsmann, arbeitete in einer Bank und sein Hauptziel im Leben war es, Geld zu verdienen. Gott sprach einige Jahre weiterhin zu ihm, aber er weigerte sich, sich zu beugen. Eines Tages stürzte sein kleines Kind von einem Stuhl und starb. Das trieb ihn auf seine Knie und nach einer durchweinten Nacht vor Gott legte er sein Leben vollständig in Gottes Hände. Jetzt war es für ihn zu spät, nach Afrika zu gehen. Diese Tür war zu. Er wusste, dass dies für ihn Gottes Bestes gewesen wäre, aber er hatte es verpasst. Er konnte nur noch Gott bitten, dass er den Rest seines Lebens gebrauchen möge. Er wurde Lehrer in einer Bibelschule, aber er konnte nie vergessen, dass dies nur Gottes Zweitbestes für ihn war. Weiss fährt fort:

„Ich habe seither zahllose Leute getroffen, die Ähnliches bezeugen. Meistens wurden diese Zeugnisse unter bitteren Tränen abgelegt. Denn, Gott sei Dank, er hat Wege, auch die zu gebrauchen, die gesündigt und den einzigen Eingang zu dem Weg seines vollkommenen Willens verpasst haben, aber ihr Leben kann nie mehr so sein, wie er es ursprünglich wollte. Es ist eine Tragödie, Gottes perfekten Willen für sein Leben zu verfehlen. Lieber Christ, merke dir diese Worte und dieses Zeugnis gut, damit nicht auch du Gottes erste Wahl verpasst. Gott wird zweifellos jedes Leben, das sich seinen Händen ergibt, irgendwo auf dem Pfad des Lebens gebrauchen, aber setzen wir uns zum Ziel, zu denen zu gehören, die von Anfang an Gottes Willen suchen und sich ihm ergeben und so die schmerzhaften und schändlichen Umwege vermeiden."

Wir können nicht an jedem beliebigen Ort das siegreiche Leben führen, den größten Nutzen für den Herrn bringen und ein Segen für andere sein. Manche mögen glauben, dass sie ihre Karriere und ihren Wohnort selbst wählen und dann an dem Platz ein Zeuge für den Herrn sein können. Der Herr in seiner Barmherzigkeit kann solche Christen in begrenztem Maße gebrauchen. Aber ihre Nützlichkeit in Gottes Weinberg wird nur ein Bruchteil von dem sein, was sie hätten tun können, wenn sie ernsthaft Gottes Plan gesucht und im Zentrum seines vollkommenen Willens geblieben wären. Verkümmertes geistliches Wachstum und begrenzte Fruchtbarkeit sind nur die Folgen einer fahrlässigen Missachtung von Gottes Gesetzen.

Wenn du Gott in einer Sache ungehorsam warst, so wende dich jetzt reuevoll zu ihm, bevor es zu spät ist. Es kann immer noch möglich sein, dass du, so wie Jona, wieder in die Hauptrichtung von Gottes Plan für dein Leben kommst.

Jeder von uns hat nur *ein* Leben. Gesegnet ist der Mensch, der wie Paulus am Ende des Lebens sagen kann, dass er seine gottgegebene Aufgabe erfüllt hat *(2Tim 4,7)*.

„Die Welt und all ihre leidenschaftlichen Begierden werden eines Tages vergehen. Aber der Mensch, der Gottes Willen folgt, ist Teil des Bleibenden und kann nicht sterben" (1Joh 2,17; JBP).

„Lebt daher euer Leben verantwortungsvoll, nicht als Menschen, die die Bedeutung und den Zweck des Lebens nicht kennen, sondern als solche, die sie kennen. Macht das Beste aus eurer Zeit, trotz all der Schwierigkeiten, die es heute gibt. Seid nicht vage, sondern begreift, was der Wille des Herrn ist" (Eph 5,15-17; JBP).

Zusammenfassung

1. Der Herr Jesus und seine Apostel lehrten, dass es die größte Ehre und das größte Privileg eines Menschen ist, den Willen Gottes zu tun.

2. Es ist töricht, unsere Zukunft selbst in die Hand nehmen zu wollen, wenn Gott darauf wartet, uns zu führen. Sein Plan ist der beste. Wenn wir uns ihm ergeben, kann er uns von den Fallgruben Satans erretten.

3. Es ist möglich, Gottes vollkommenen Willen für unser Leben durch Fahrlässigkeit oder Ungehorsam zu verfehlen.

Kapitel 2

Bedingungen, um Gottes Willen zu finden

Göttliche Führung kann nicht getrennt von unserer persönlichen Beziehung mit Gott betrachtet werden. Viele begehren die Gaben, aber nicht den Geber. Wenn wir uns nach Führung sehnen, aber nicht nach Gott selbst dürsten, werden wir die Führung, die wir suchen, nicht erhalten.

Ein Mensch muss in Gemeinschaft mit Gott sein, um seine Führung im Leben zu erfahren. Dazu gehört zuallererst, dass er durch die Neugeburt in eine lebendige Beziehung mit Christus kommt. Aber das allein ist nicht genug. Bestimmte andere wesentliche Bedingungen müssen erfüllt sein, wenn wir Gottes Führung erkennen möchten. Diese werden in zwei Abschnitten der Heiligen Schrift, eine im Alten, eine im Neuen Testament *(Spr 3,5-6; Röm 12,1-2),* erwähnt. Wir wollen uns diese Passagen genau anschauen.

Glaube

„Verlass dich auf den Herrn von ganzem Herzen ... so wird er deine Wege leiten“ (Spr 3,5-6).

Es gibt viele Menschen, die niemals zur Erkenntnis von Gottes Willen kommen, weil sie einfach nicht glauben, dass Gott sie leiten wird. Glaube ist eine Voraussetzung, wenn wir Gottes Führung suchen. Unter Glauben verstehen wir nicht bloß eine verstandesmäßige Annahme von Wahrheit, sondern ein Vertrauen auf Gott, weil wir ihn persönlich kennen.

Wenn es uns an Weisheit (an Erkenntnis der Gedanken Gottes zu einer bestimmten Situation) mangelt, sind wir eingeladen, Gott darum zu bitten, und wir haben das Versprechen, dass er sie uns reichlich geben wird – vorausgesetzt, wir bitten im Glauben. Jemand, der ohne Glauben bittet, wird mit Sicherheit nichts empfangen *(Jak 1,5-7).*

Junge Christen könnten meinen, dass göttliche Führung nur dem reifen Gläubigen zur Verfügung steht, der viele Jahre in der Erkenntnis des Herrn gewachsen ist. Es ist zweifellos richtig, dass wir Gottes Gedanken besser verstehen können, je länger wir mit Gott wandeln. Trotzdem ist es auch wahr, dass es Gottes Wunsch ist, alle seine Kinder zu führen. Was zu Paulus gesagt wurde, gilt für uns alle:

„Gott hat dich erwählt und dazu bestimmt, dass du seinen Willen erkennst – d.h. ihn besser und klarer zu erkennen und mit seinem Willen immer enger vertraut zu werden" (Apg 22,14).

Ein Vater erzählt seinen Kindern gern seine Wünsche und Pläne für sie – nicht nur den älteren, sondern auch den jüngeren Kindern. Dasselbe trifft auf unseren himmlischen Vater zu. Gott hat in seinem Wort gesagt, dass ihn in dieser Zeit des Neuen Bundes alle seine Kinder – *„vom Kleinsten bis zum Größten"* – persönlich erkennen würden *(Hebr 8,10-11).* Daher kann jeder von uns zu ihm kommen, *„in der vollen Gewissheit des Glaubens"*, dass er Freude daran hat, seinen suchenden Kindern seinen Willen zu offenbaren.

In *Hebräer 11,6* lesen wir, dass es ohne Glauben unmöglich ist, Gott zu gefallen. Der Vers besagt weiter, dass er jene belohnen wird, die ihn ernstlich suchen. Der Beweis für den Glauben eines Menschen liegt im beharrlichen Gebet *(Lk 18,1-8).* Jemand, der zweifelt, wird mit dem Gebet bald wieder aufhören. Aber derjenige, der glaubt, wird an Gott festhalten, bis er eine Antwort erhält. Gott belohnt Ernsthaftigkeit, weil diese das Ergebnis eines starken Glaubens ist. Wir können von Gott nichts Wertvolles empfangen, ohne es zuerst intensiv zu begehren. *„Er sättigt (nur) die durstige Seele" (Ps 107,9).* Gott hat gesagt: *„Dann werdet ihr mich suchen, nach mir fragen, nach mir als unerlässliche Notwendigkeit Verlangen haben und mich finden – wenn ihr mich von ganzem Herzen sucht" (Jer 29,13).* Ist es nicht wahr, dass wir oft nur halbherzig Gottes Führung gesucht haben? Als Jesus im Garten Gethsemane den Willen des Vaters suchte, betete er immer wieder *„in verzweifeltem Gebet und in Todesangst und unter Tränen" (Hebr 5,7; JBP).* Wie nachlässig ist unser Suchen im Vergleich dazu! Wir suchen Gottes Willen oft nicht mit größerem Ernst als ein verlorenes Fünf-Cent-Stück! Kein Wunder, dass wir ihn nicht finden. Wenn wir den Willen Gottes als den größten Schatz auf Erden wertschätzen, werden wir ihn von ganzem Herzen suchen. Glauben wir wirklich, dass Gott ernsthaft Suchende belohnen wird? Dann wird sich unser Glaube in drängendem Gebet beweisen. Wenn wir mit ernstem Verlangen erfüllt sind, seinen Willen in jedem Bereich unseres Lebens zu erfüllen, wird Gott uns zweifellos seine Gedanken offenbaren. Er kann nicht anders als einen Glauben zu ehren, der an Gott festhält, bis er eine Antwort erhält.

Glaube wird in der Bibel oft mit Geduld gepaart. Beide sind notwendig, wenn wir Gottes Verheißungen ererben wollen *(Hebr 6,12.15).* David ermahnt uns (zweifellos aus seiner eigenen Erfahrung), unseren Weg dem Herrn anzubefehlen, auf ihn zu vertrauen und geduldig auf seine Zeit zu warten, und wir haben die Versicherung, dass er uns nicht enttäuschen wird *(Ps 37,5.7).* Eine der größten Versuchungen, wenn wir Gottes Führung suchen, besteht darin, in Sorge zu geraten und ungeduldig zu werden. Aber das gläubige Herz bleibt ruhig.

Es gibt einige Entscheidungen, bei denen wir nicht auf ein eindeutiges Zeichen vom Herrn warten müssen. Wenn du beispielsweise den Herrn fragst, ob du eine Reise am 15. oder am 16. des Monats antreten sollst, brauchst du nicht endlos auf ein klares Wort von ihm warten.

Doch gibt es einige Entscheidungen, bei denen wir warten müssen, bis uns der Wille Gottes völlig klar ist. Wenn wir beispielsweise eine Ehe ins Auge fassen, können wir uns Ungewissheit nicht leisten. Wir müssen völlig sicher sein, was Gottes Wille ist, bevor wir eine solche Entscheidung treffen, die offensichtlich von größerer Bedeutung ist als die vorhin genannte, weil ihre Auswirkungen viel weitreichender sind. Je wichtiger die Entscheidung ist, desto länger müssen wir gewöhnlich warten, um uns in Bezug auf Gottes Willen sicher zu sein.

Wenn wir auf den Herrn vertrauen, werden wir ohne Angst warten. Wir werden nicht vor Gottes festgesetzter Zeit etwas an uns reißen wollen, aus Angst davor, das Beste zu verpassen, wenn wir warten. Gott ist durchaus in der Lage, in jedem Bereich das Beste für uns zu sichern. Wenn wir ungeduldig etwas an uns reißen, verlieren wir unweigerlich Gottes Bestes. Die Bibel sagt: *„Wer glaubt ... wird nicht ängstlich eilen" (Jes 28,16).*

Im großen „Psalm um [Gottes] Führung" – *Psalm 25* – spricht David immer wieder davon, auf den Herrn zu harren *(V. 3.5.21)*. Niemand, der auf die Zeit des Herrn wartet, wird jemals bereuen, auf Gott gewartet zu haben, denn Gott *„wirkt und zeigt sich tätig gegenüber denen, die (ernstlich) auf ihn harren" (Jes 64,3; vgl. 49,23).*

Sehr oft kann Gott uns seine Absichten erst klarmachen, wenn wir warten.

McConkey schreibt in seiner Broschüre *„Guidance"*:

„Stell dir vor, aus dem Wasserhahn kommt schmutziges, trübes Wasser. Wie kannst du das Wasser klären? Du stellst das Glas mit dem trüben Wasser auf den Tisch. Nach und nach lagert sich das Sediment auf dem Boden des Glases ab. Das Wasser wird allmählich klarer. Nach kurzer Zeit ist es ganz klar und durchsichtig. Das alles wurde einfach durch Warten herbeigeführt. Im Bereich der Führung gilt dasselbe Gesetz. Warten ist Gottes großes Klärungsmittel ... und während wir warten, setzt sich das Sediment langsam ab, ... die unbedeutenden Dinge nehmen ihren gebührenden, untergeordneten Platz ein. Die großen Dinge werden in ihrer gebührenden Bedeutung sichtbar. Warten ist die Lösung für das alles ... Die weitaus meisten unserer Fehler kommen daher, dass wir das Warten vernachlässigen. Hast ist meistens eine Falle Satans und nicht eine Notwendigkeit für Führung ...

Manchmal ist unsere Ratlosigkeit so groß, dass es scheint, als würde niemals Führung kommen.. Für solche Zeiten hat der Psalmist eine wertvolle Botschaft in seinem Wort über die Nachtwächter: *„Ich schaue und warte auf den Herrn, mehr als die Wächter auf den Morgen" (Ps 130,6).* Wie warten Menschen, die in der Nacht stundenlang auf die Dämmerung harren, auf den Morgen? Darauf gibt es eine vierfache Antwort:

Sie warten in Dunkelheit. Sie warten auf etwas, das langsam kommt. Sie warten auf etwas, das mit Sicherheit kommt. Sie warten auf etwas, das Licht bringen wird, wenn es kommt.

So ist es mit uns, die wir auf Führung warten. Oft ist unsere Ratlosigkeit so extrem, dass wir in totaler Finsternis zu warten scheinen. Auch für uns scheinen – wie bei denen, die auf den Tagesanbruch warten – die ersten schwachen Streifen der Dämmerung so langsam zu kommen! Und so wie es niemals eine Nacht gab, die nicht in der Morgendämmerung endete, so wird auch unsere Nacht der Ungewissheit mit Sicherheit in der Morgendämmerung von Gottes Führung enden. Wie der langsam dämmernde Morgen schließlich unermesslich Licht und Segen bringt, wo wird auch Gottes Führung unsere wartenden Seelen schließlich so froh machen und unseren verdunkelten Pfad so erhellen, dass wir die langen Tage des Wartens in der Finsternis fast vergessen werden."

Hüte dich davor, in Eile zu handeln. Ungeduld hat seine Ursache immer in Unglauben. Von den Israeliten in der Wüste heißt es, *„dass sie nicht (ernsthaft) auf seine Pläne warteten und sie nicht respektierten" (Ps 106,13).* Dadurch verpassten sie Gottes Bestes. Möge Gott uns vor einer solchen Tragödie bewahren.

Misstrauen gegenüber sich selbst

„Verlass dich nicht auf deine eigene Einsicht oder deinen Verstand … und er wird deine Pfade ebnen" (Spr 3,5-6).

Wer noch seiner natürlichen Weisheit in geistlichen Dingen nicht misstraut, muss erst noch eine grundlegende Lektion des christlichen Lebens lernen. Spärliche Intelligenz an sich kann einen Menschen nicht von der Erkenntnis des Willens Gottes fernhalten, wenn er sich auf Gott verlässt – wohl aber ein stolzes Vertrauen auf die eigene Klugheit und Vorausschau. Paulus sagt in *Philipper 3,* dass ein Christ sich durch einen Mangel an Vertrauen auf sich selbst auszeichnen sollte.

Paulus war ein großer Intellektueller, aber er musste sich trotzdem selbst misstrauen und sich auf Gott verlassen. Er schreibt den Christen in Korinth aus seiner eigenen Erfahrung: *„Wenn jemand unter euch sich zu den Klugen dieser Welt zählt, der soll seine Klugheit verwerfen, damit er lerne, wirklich weise zu sein. Denn die Klugheit dieser Welt ist Dummheit bei Gott" (1Kor 3,18-19; JBP).* Weltliche Weisheit ist ein Hindernis für das Erkennen von Gottes Willen und muss daher verworfen werden.

Damit diese letzte Aussage nicht missverstanden wird, möchte ich ein Wort der Erklärung hinzufügen. Weltliche Weisheit verwerfen heißt nicht, dass wir unsere intellektuellen Fähigkeiten nicht nutzen sollten. Paulus nutzte seine und es ist undenkbar, dass er jemals von anderen gefordert hätte, ihre Fähigkeiten nicht zu gebrauchen. Weltliche Weisheit kann sich nicht auf Bildung oder Gelehrsamkeit beziehen, denn sowohl der gebildete Paulus als auch die ungebildeten Korinther (an die er schrieb) mussten sie verwerfen. Sie bezieht sich auf das Ausmaß des Vertrauens, das wir in unsere Klugheit setzen, ob wir nun eine hohe oder niedrige Bildung haben. Weltliche Weisheit ist ein Übel, das die Gebildeten und die Ungebildeten gleichermaßen heimsuchen kann.

Die Bibel vergleicht Christen mit Schafen. Ein Schaf ist ein törichtes Tier, unfähig, sich allein zurechtzufinden und extrem kurzsichtig. Seine einzige Sicherheit liegt darin, dem Hirten zu folgen, wo immer er hingeht. Für den Menschen mit seinem Selbstvertrauen ist es sehr demütigend, diese Tatsache anzuerkennen. Sein Stolz wird rebellieren bei der bloßen Andeutung, er könne in geistlichen Dingen töricht sein. Doch dieses äußerste Misstrauen gegenüber dem eigenen Ich ist unabdingbar, um Gottes Führung in unserem Leben zu erfahren. David nahm vor dem Herrn die Stellung eines Schafes ein und erlebte dadurch göttliche Führung. *„Der Herr ist mein Hirte … er führet mich … er führet mich" (Ps 23,1-3).*

Wenn ein Mensch sich nicht demütigt und diesen niedrigen Platz einnimmt, kann er die Wege des Herrn nicht erkennen. *„Er (Gott) wird den Demütigen, die sich an ihn wenden, den Weg zeigen, der für sie richtig und am besten ist“*, sagte David in *Psalm 25,9 (TLB)*. Selbstvertrauen mag für einen weltlichen Menschen in Ordnung sein, aber nicht für ein Kind Gottes. Hierin liegt der Grund, warum viele Gläubige Gottes Plan für ihr Leben verfehlen. Voller Zuversicht in ihre eigenen Fähigkeiten suchen sie nicht ernsthaft den Willen Gottes. Sie verlassen sich stattdessen auf ihre eigene Klugheit und kommen so vom rechten Weg ab.

Gott erlaubt in unserem Leben oft Versagen und Chaos, damit wir die totale Verdorbenheit unseres Herzens und die Unzuverlässigkeit unseres fehlerhaften Verstandes sehen und die Notwendigkeit, uns enger an ihn zu klammern. Eine der wichtigsten Lektionen, die der Herr den Jüngern beizubringen versuchte, war, dass sie ohne ihn nichts tun konnten *(Joh 15,5)*. Sie lernten diese Lektion nur langsam – wie wir auch.

Der Demütige, der seine Begrenzungen erkennt und sich fest auf Gott verlässt, wird den göttlichen Willen ohne Schwierigkeiten herausfinden. Der selbstsichere Doktor der Theologie andererseits, der sich auf seine theologische Ausbildung verlässt, wird weiterhin im Finstern tappen.

Gehorsam in allen Bereichen

„Sondern gedenke an ihn in allen deinen Wegen, so wird er dich recht führen“ (Spr 3,6).

Wir sind manchmal sehr erpicht darauf, Gottes Führung in einem Bereich unseres Lebens zu erkennen, aber nicht so eifrig, seine Führung in anderen Bereichen zu haben. Wir suchen beispielsweise ernsthaft Gottes Willen in Bezug auf die Ehe, aber nicht, wenn wir eine Arbeitsstelle suchen. Oder es könnte umgekehrt sein. Oder vielleicht suchen wir Gottes Leitung in der Frage, wie und wo wir unseren Jahresurlaub verbringen sollen, aber wir fragen nie, wie wir unser Geld ausgeben sollen.

Das liegt an unserer Neigung, Gottes Führung nur dann haben zu wollen, wenn es uns passt. In unserem Herzen lauern oft uns unbewusste selbstsüchtige Motive. Wir suchen Gottes Willen in manchen Dingen, weil wir keine Fehler machen wollen, die für uns Leid oder Verlust bedeuten würden. Unser Motiv ist nicht, Gott zu gefallen, sondern bequem und gut zu leben. Deshalb erfahren wir keine Führung von Gott, denn er hat nur versprochen diejenigen zu leiten, die ihn auf allen ihren Wegen anerkennen – denen, die seine Führung in jedem Bereich ihres Lebens freudig akzeptieren.

Es gibt viele Bereiche, in denen Gottes Wille für uns bereits in der Heiligen Schrift offenbart ist. Die Bibel sagt uns beispielsweise, dass es Gottes Wille ist, dass wir heilig und dankbar sein sollen:

„Denn das ist der Wille Gottes, eure Heiligung – dass ihr von der Welt getrennt und zu einem reinen und heiligen Leben ausgesondert seid …“

„Seid Gott in allen Dingen dankbar – egal, wie die Umstände sein mögen, seid dankbar; denn das der Wille Gottes für euch, die ihr in Christus Jesus seid“ (1Th 4,3; 5,18).

Ebenso wird uns gesagt, dass Gott von uns erwartet, unseren Nächsten wie uns selbst zu lieben *(Röm 13,9).* Wenn wir Gottes Vergebung und Errettung empfangen haben, sollten wir dasselbe auch für unsere Nächsten wünschen. Gottes Wille ist im Neuen Testament klar offenbart: Wir sollen seine Zeugen sein *(Apg 1,8).*

Unsere Nächsten zu lieben beinhaltet in erster Linie die Sorge um ihre geistlichen Bedürfnisse, aber schließt deren sonstige Bedürfnisse nicht aus. Gott hat gesagt:

„Ich möchte, dass du dein Brot mit den Hungrigen teilst … die, denen kalt ist, kleidest … Wenn du diese Dinge tust, wird Gott sein herrliches Licht auf dich scheinen lassen … Wenn du dann rufst, wird der Herr dir antworten. ‚Ja, hier bin ich‘. Er wird dir rasch antworten.

Alles, was du tun musst, ist aufhören, die Schwachen zu unterdrücken, falsche Anklagen zu erheben und böse Gerüchte zu verbreiten! Gib den Hungrigen zu essen! Hilf denen, die in Not sind! Dann wird dein Licht in der Finsternis aufgehen und das Dunkel um dich herum wird so hell wie der Mittag werden. Und der Herr wird dich immerdar führen" (Jes 58,7-11; TLB).

Gott hat Freude daran, seinen Willen denen zu offenbaren, die selbstlos sind und denen die Nöte anderer Menschen am Herzen liegen.

Wenn wir dem Herrn in den Bereichen, in denen er uns bereits seinen Willen offenbart hat, nicht gehorchen, dann können wir nicht erwarten, dass er uns in anderen Angelegenheiten leitet. Es ist ein Prinzip der göttlichen Führung, dass Gott einem Menschen niemals weiteres Licht gibt, der das Licht, das er bereits hat, ignoriert. Gott wird uns nicht den zweiten Schritt zeigen, bevor wir den ersten tun. *„Während du Schritt für Schritt vorangehst, werde ich den rechten Weg vor dir auftun"*, ist seine Verheißung *(Spr 4,12)*. Er ist an jedem unserer Schritte interessiert.

„Die Schritte eines (guten) Mannes werden vom Herrn geleitet und gegründet. Er hat Gefallen an seinem Wege und befasst sich mit allen seinen Schritten" (Ps 37,23).

Hier ist eine weitere Verheißung für die Gehorsamen:

„Ich will dich unterweisen (sagt der Herr) und dich auf dem besten Weg für dein Leben leiten; ich will dich leiten und deinen Fortschritt beobachten, (aber) sei nicht wie ein Ross oder Maultier ohne Verstand" (Ps 32,8-9; TLB).

Das Ross zeichnet sich durch Ungeduld aus, es will immer voranpreschen, wogegen das Kennzeichen des Maultieres seine Halsstarrigkeit ist, es weigert sich oft weiterzugehen. Beide Einstellungen müssen wir meiden.

Gott spricht durch unser Gewissen zu uns, wenn wir ungehorsam sind. Wir sollten daher achtgeben, immer auf die Stimme des Gewissens zu hören. Jesus sagte:

„Dein Auge ist das Licht deines Leibes; wenn dein Auge lauter ist und seine Funktion erfüllt, dann wird dein Leib voller Licht sein" (Lk 11,34).

Was meinte Jesus mit dem Auge? In *Matthäus 5,8* setzte er geistliche Schau mit Reinheit des Herzens in Verbindung. Daher muss mit dem Auge das Gewissen gemeint sein, das, wenn man ihm ständig gehorcht, uns zur Reinheit des Herzens hinführt.

Das Gewissen an sich ist nicht die Stimme Gottes, denn es wird bestimmt und geformt von den Prinzipien, auf die jemand sein Leben aufbaut. Aber wenn man ständig seinem Gewissen folgt und wenn es mit der Lehre der Bibel in Einklang gebracht wird, wird es zunehmend Gottes Maßstäbe widerspiegeln. Die Verheißung in *Lukas 11,34* ist also, dass Gottes Licht unser Leben durchfluten wird, wenn wir unser Gewissen rein halten – und auf diese Weise werden wir seinen Willen erkennen. Wenn wir in unserem täglichen Leben nicht auf die Stimme des Gewissens hören, werden wir die Stimme des Geistes nicht hören, wenn wir Führung von Gott suchen. Sofortiger Gehorsam gegenüber Gott, wann immer er zu uns spricht, ist eines der Geheimnisse der Führung.

Vor kurzem las ich von einem fünfzehnjährigen Jungen, der von Geburt an blind war und der ein Flugzeug flog und sicher landete. Dieses erstaunliche Kunststück gelang deshalb, weil er jedem Befehl, den ihm sein Ausbilder gab, sofort gehorchte. Wenn wir uns mit den vielfältigen Problemen des Lebens konfrontiert sehen, mögen wir uns wie blinde Menschen vorkommen, die versuchen, ein Flugzeug auf einer unbekannten und unsichtbaren Piste zu landen. Aber wenn wir uns angewöhnen, Gottes Geboten sofort zu gehorchen, werden wir feststellen, dass wir sicher landen.

Bedingungslose Hingabe

„Gebt eure Leiber mit Entschlossenheit hin – präsentiert all eure Glieder und Fähigkeiten als ein lebendiges Opfer, das heilig und

Gott wohlgefällig ist … damit ihr (für euch selbst) prüfen könnt, was der gute und annehmbare und vollkommene Wille Gottes ist" (Röm 12,1-2).

Das Neue Testament fordert uns auf, Sklaven des Herrn zu werden. Paulus selbst nannte sich einen willigen Sklaven Jesu Christi. Im Alten Testament gab es zwei Klassen von Dienern – den Sklaven und den Knecht, der für Lohn arbeitet. Im Unterschied zum Knecht wurde ein Sklave niemals bezahlt. Er war von seinem Herrn für einen Preis erkauft worden – und folglich gehörte alles, was er war, und alles, was er hatte, seinem Herrn. Jeder Christ muss die Tatsache anerkennen, dass er ein solcher Sklave ist. Unsere Zeit, unser Geld, unsere Talente, unsere Familie, unser Besitz, unser Verstand und unser Körper – alles – gehört rechtmäßig unserem Meister und Herrn, denn er hat uns am Kreuz erkauft *(1Kor 6,19-20).*

Wir werden daher aufgefordert, unsere Leiber – so wie das Brandopfer im Alten Testament – ein für alle Mal als lebendiges Opfer Gott hinzugeben. Anders als das Sündopfer wurde das Brandopfer vollständig Gott aufgeopfert und bedeutete die äußerste Hingabe des Opfernden an den Herrn. Wenn jemand ein Brandopfer darbrachte, bekam er dafür nichts zurück. Gott konnte mit diesem Opfer tun, was immer ihm gefiel. Es war ein Symbol für das Kreuz von Golgatha, wo Jesus sich vollständig dem Vater mit den Worten hingab:

„Vater, nicht mein, sondern dein Wille soll geschehen."

Das bedeutet es, seinen Leib Gott als ein lebendiges Opfer hinzugeben: Wir müssen unseren Eigenwillen und unsere Entscheidung, wie und wo unser Leib für ihn benutzt werden soll, in den Tod geben. Nur auf diese Weise können wir seinen Willen erkennen.

Ein Mangel an einer derartigen Hingabe ist gewöhnlich der Hauptgrund, warum wir nicht in der Lage sind, Gottes Willen sicher zu erkennen. Unsere Hingabe an den Herrn geschieht oft unter Vorbehalten. Wir sind nicht wirklich bereit, alles anzunehmen, was Gott uns anträgt.

Ich traf einmal einen Bruder, der bereit war, jeden Beruf zu ergreifen, außer einem vollzeitlichen Dienst für den Herrn. Ich sagte ihm, dass dieser Vorbehalt ihn daran hinderte, Gottes Plan für sein Leben klar zu erkennen. Als er schließlich alles dem Herrn hingab, gewann er sofort eine tiefere Klarheit über Gottes Willen. Gott berief ihn nicht in den christlichen Vollzeitdienst, aber er wollte, dass er dazu bereit war.

Viele, die unter dem Vorwand, seinen Willen zu erkennen, zu Gott kommen, möchten in Wirklichkeit nur seine Zustimmung zu einem Weg, den sie bereits für sich gewählt haben. Daher erhalten sie keine Antwort. Wie rasch wären unsere Probleme um Führung gelöst, wenn wir uns ohne Vorbehalt unserem Herrn hingäben und sagten:

„Herr, ich bin bereit, alles anzunehmen, wenn du mir nur versicherst, dass es dein Wille ist. Wähle du für mich, Herr. Ich habe in dieser Sache keine eigene Wahl."

Es war Abrahams Bereitschaft, für Gott überall hinzugehen und jederzeit alles für Gott zu tun, was ihn zu einem „Freund Gottes" machte.

Georg Müller aus Bristol (England) war ein Mann großen Glaubens und jemand, der den Willen Gottes mit erstaunlicher Genauigkeit herausfinden konnte. Er sagte in diesem Zusammenhang Folgendes:

„Zu Beginn suche ich mein Herz in einen solchen Zustand zu bringen, dass es in Bezug auf eine bestimmte Angelegenheit keinen eigenen Willen hat. 90 Prozent der Schwierigkeiten der Menschen liegen genau hier. Und 90 Prozent der Schwierigkeiten sind beseitigt, wenn unser Herz bereit ist, den Willen des Herrn zu tun, was auch immer der sein mag. Wenn jemand wirklich in diesem Stadium ist, ist es gewöhnlich nur ein kurzer Weg, bis er Gottes Willen erkennt."

Manche möchten zuerst Gottes Willen wissen, um dann zu entscheiden, ob sie gehorchen wollen oder nicht. Aber Gott offenbart solchen Menschen seinen Willen nicht.

„Wenn jemand dessen Willen tun will, wird er erkennen ..." (Joh 7,17).

Allein eine Bereitwilligkeit, alles zu tun, was Gott gebietet, wird uns in die Lage versetzen, seinen vollkommenen Willen zu erkennen. Dies gilt für kleine wie für große Angelegenheiten.

Ein erneuerter Sinn

„Stellt euch nicht dieser Welt gleich … sondern lasst euch durch die (vollständige) Erneuerung eures Sinnes verwandeln – durch neue Ideale und eine neue Einstellung – damit ihr (für euch selber) prüfen könnt, was der gute und wohlgefällige und vollkommene Wille Gottes ist" (Röm 12,2).

Weltlichkeit verstopft unsere geistlichen Ohren und hindert uns daran, Gottes Stimme zu hören. Jeder, der in dieser Welt lebt, wird vom Geist dieser Welt beeinflusst. Niemand ist dem je entkommen. Von unserer Kindheit an nimmt jeder von uns Tag für Tag mehr oder weniger vom Geist der Welt in sich auf – durch das, was wir hören, sehen und lesen. Dies betrifft besonders unseren Verstand und beeinflusst unser Denken. Die Entscheidungen, die wir dann treffen, basieren daher hauptsächlich auf weltlichen Überlegungen.

Der Geist Gottes, der bei der „Wiedergeburt" in uns Wohnung nimmt, widerstrebt dem Geist dieser Welt und begehrt, unser Denken vollständig zu erneuern. Gottes letztendlicher Zweck ist es, uns in das Ebenbild seines Sohnes zu verwandeln.

Das ist der wichtigste Teil seines Willens für uns. Alles andere – wen wir heiraten, wo wir leben und arbeiten sollen – ist zweitrangig. Das gesamte Handeln Gottes an uns richtet sich auf dieses Ziel aus – dass wir wie Jesus werden *(Röm 8,28-29)*. Aber das kann in uns nur erfüllt werden, wenn wir dem Heiligen Geist täglich erlauben, unser Denken zu erneuern. Je mehr unser Denken auf diese Weise erneuert wird, desto genauer werden wir an den Scheidewegen unseres Lebens den Willen Gottes erkennen können.

Weltlichkeit ist im Wesentlichen nicht etwas Äußerliches – wie z.B. ins Kino gehen, trinken, rauchen, teure modische Kleidung und modischen Schmuck tragen oder ein verschwenderisches Leben führen. Diese Dinge können einen weltlichen Menschen kennzeichnen, sind aber nur der äußerliche Ausdruck seiner weltlichen Gedankengänge. Gleichförmigkeit mit der Welt besteht im Wesentlichen in der Gesinnung und zeigt sich auf verschiedene Weise, besonders in den Entscheidungen. Wenn ein weltlicher Mensch beispielsweise eine Arbeitsstelle oder eine Karriere in Betracht zieht, wird er von Faktoren wie Gehalt, Aufstiegsmöglichkeiten, Annehmlichkeiten, Schwierigkeitsgrad und sonstigen Vorteilen geleitet. Und wenn er eine Ehe in Erwägung zieht, lässt er sich von Familienstatus, Kaste [soziale Schicht], Aussteuer, Position im Leben, äußerlicher Schönheit oder Wohlstand beeinflussen.

Die Entscheidungen eines Gläubigen hingegen sollten in erster Linie von geistlichen Faktoren bestimmt werden, obwohl auch andere Erwägungen nicht vernachlässigt werden sollten. Unser erstes Anliegen sollte sein, dass Gottes Name geehrt werde und dass sein Reich sich ausbreite. Deshalb hat der Herr uns gelehrt, zuerst zu beten, „dein Name werde geheiligt, dein Reich komme", und erst dann, „dein Wille geschehe".

Dieser Prozess des Erkennens und Ausschaltens weltlicher Motive ist wesentlich, wenn wir den Willen Gottes erkennen wollen. Es ist Gotteslästerung zu sagen: „Gott hat mich geführt", wenn unsere Motive in Wirklichkeit selbstsüchtig waren. In solchen Fällen ist es viel besser zu sagen, dass die Entscheidung unsere eigene war als Gottes Namen zu missbrauchen und unserer Weltlichkeit einen Mantel der Geistlichkeit umzuhängen. Wir gewinnen nichts, wenn wir bloß andere (oder auch uns selbst) überzeugen, dass wir Gottes Willen tun. Gott lässt sich nämlich nichts vormachen. Wie die Bibel sagt:

„Wir können immer beweisen, dass wir Recht haben, aber ist der Herr davon überzeugt? ... Wir können all unsere Taten rechtfertigen, aber der Herr schaut auf unsere Motive" (Spr 16,1-2; TLB).

Die Erneuerung unseres Sinnes wird dazu führen, dass wir anfangen, so zu denken wie der Herr und Situationen und Menschen so zu sehen, wie er sie sieht. Die Gesinnung des Paulus wurde so erneuert, dass er sagen konnte, dass er den Sinn Christi hatte und dass er Menschen nicht mehr länger bloß aus einer menschlichen Perspektive betrachtete *(1Kor 2,16; 2Kor 5,16)*. Sein Gebet für die Christen in Kolossä war, dass auch sie auf diese Weise verwandelt werden mögen:

„Wir bitten Gott, dass ihr die Dinge sozusagen aus seiner Perspektive sehen mögt, indem er euch geistliche Einsicht und Verständnis verleiht" (Kol 1,9; JBP).

Durch eine solche Verwandlung unseres Sinnes können wir wissen, was Gott wohlgefällt und was nicht, und so werden wir in jeder Situation seinen Willen erkennen können. Gottes Verheißung an uns in diesem Zeitalter des Neuen Testaments ist:

„Dies ist die neue Vereinbarung (der Neue Bund) … Ich werde meine Gesetze in ihr Herz schreiben, damit sie wissen, was sie nach meinem Willen tun sollen, ohne dass ich es ihnen überhaupt sage … Ich will meine Gesetze in ihr Herz schreiben, damit sie allezeit meinen Willen erkennen werden" (Hebr 8,10; 10,16; TLB).

Mit dieser Erneuerung werden wir nicht nur Gottes Willen verstehen, sondern auch seine Methoden und den Zweck, den er verfolgt – wir werden nicht nur wissen, was wir nach Gottes Willen tun sollen, sondern auch wie und warum wir es tun sollen. Gottes Willen zu tun kann eine Plackerei sein, wenn wir Gottes Zwecke nicht verstehen. Wenn wir sie erkennen, wird der Wille Gottes für uns zu dem, was er für Jesus war – eine Lust. Weil wir Gottes Natur nicht kennen, fürchten wir uns, seinen Willen zu tun. Wenn wir ihn besser kennten, würden wir uns freuen, jedem Gebot, das er uns gibt, zu folgen.

Wie kann unser Verstand erneuert werden? Eine Frau, die mit ihrem Ehemann in herzlicher Kameradschaft eng zusammenlebt, lernt im Laufe der Jahre sein Denken und seine Verhaltensweisen immer besser kennen. Dasselbe trifft auf den Gläubigen und seinen Gott zu. Die Neugeburt ist wie eine Heirat mit dem Herrn Jesus. Von diesem Punkt an sollten wir in enger Gemeinschaft mit dem Herrn wandeln und täglich mit ihm sprechen.

Wir müssen ihn auch täglich zu unserem Herzen sprechen lassen, sowohl durch sein Wort als auch durch die Disziplin von Prüfungen, die er in unser Leben schickt. Dann werden wir feststellen, dass wir zunehmend in das Bild unseres Herrn verwandelt werden *(2Kor 3,18)*. Wenn wir die tägliche Meditation über Gottes Wort und die Gebetsgemeinschaft mit dem Herrn vernachlässigen, werden wir es äußerst schwer finden, Gottes Absichten herauszufinden. Meditation über Gottes Wort kann unser verdrehtes krummes Denken begradigen und uns geistlich gesinnt und sensibel für die Stimme Gottes machen.

Wir können die Stimme des Herrn nur erkennen, wenn wir daran gewöhnt sind, sie zu hören. Ein Neubekehrter fragte einmal einen reifen Diener Gottes, warum er wohl Gottes Stimme nicht hören könne, obwohl doch Christus gesagt habe: *„Meine Schafe hören meine Stimme"*. Der Diener Gottes antwortete:

„Ja, es ist wahr, dass seine Schafe seine Stimme hören, aber es ist auch wahr, dass die Lämmer lernen müssen, diese Stimme zu erkennen."

Ein Sohn kann die Stimme seines Vaters leicht erkennen, weil er sie so oft gehört hat. Ebenso werden wir nur durch ständiges Hören auf die Stimme des Herrn fähig, sie von dem Lärm und dem Gezeter anderer Stimmen in unserem Kopf zu unterscheiden, wenn wir Gottes Willen suchen. Wenn du dir angewöhnst, auf die Stimme des Herrn zu hören, dann ist seine Verheißung in Zeiten der Not:

„Deine Ohren werden hinter dir das Wort hören: Dies ist der Weg, wandelt darauf; sonst weder zur Rechten noch zur Linken" (Jes 30,21).

Wenn wir uns hingegen nur in Zeiten der Not an den Herrn wenden, werden wir seine Stimme wahrscheinlich überhaupt nicht hören. Einige von Gottes Kindern sind so beschäftigt, dass sie keine Zeit haben, in ihrem täglichen Leben auf die Stimme des Herrn zu hören, und doch möchten sie seinen Willen sofort kennen. Über solche Christen sagte G. Christian Weiss, dass der Geist ihrer Gebete in einer Notsituation etwa wie folgt ist:

„Herr Jesus, ich bin fürchterlich beschäftigt und habe nicht viel Zeit gehabt, mit dir zu reden. Vergib mir, Herr, ich bin in einer Zwickmühle, und ich muss deinen Willen in dieser wichtigen Angelegenheit bis morgen um 10 Uhr wissen. So bitte ich dich Herr, dich zu beeilen und mir deinen Willen zu offenbaren. Amen."

Gottes Wille wird nicht auf diese Weise offenbart, und übrigens auch nicht solchen Menschen.

Tägliche Gemeinschaft mit Gott in Wortbetrachtung und Gebet ist unerlässlich, wenn wir Gottes Führung in unserem Leben haben möchten.

Zusammenfassung

Wenn wir Gottes Willen finden wollen, müssen wir zuerst die folgenden Bedingungen erfüllen:

1. Wir müssen glauben, dass Gott uns seinen Willen offenbaren wird. Ein solcher Glaube zeichnet sich durch ernstes Verlangen und Geduld aus. Wir müssen bereit sein, auf Gottes Zeit zu warten.

2. Wir müssen unserer eigenen Klugheit misstrauen und uns demütig auf Gott verlassen. Wir brauchen unsere intellektuellen Fähigkeiten nicht auszuschalten, aber wir müssen unser Vertrauen auf Gott und nicht auf uns selbst setzen.

3. Wir müssen bereit sein, Gottes Willen in allen Bereichen unseres Lebens zu tun, und nicht nur in einigen Bereichen. Wir müssen dem Licht, das Gott uns bereits gegeben hat, folgen und müssen unser Gewissen stets rein halten.

4. Wir müssen uns ohne Vorbehalte Gott hingeben und bereit sein, alles anzunehmen, was er für uns bestimmt.

5. Wir müssen täglich mit Gott wandeln und darauf hören, was er uns zu sagen hat, und so zulassen, dass er unseren Sinn erneuert und uns von weltlichem Denken befreit.

Kapitel 3

Führung durch das innere Zeugnis

Wenn wir zum Thema der „Mittel“ kommen, durch die Gott uns führt, müssen wir im Sinn behalten, dass biblische Prinzipien wichtiger sind als die Erlebnisse und Erfahrungen auch sehr gottesfürchtiger Männer und Frauen. Gottes Wirken ist nicht auf ein bestimmtes Muster beschränkt, das wir festlegen könnten. Er ist souverän und mag manchmal übernatürliche statt der normalen Mittel wählen, um uns zu führen. Er führte Israel mit einer Wolken- und Feuersäule durch die Wüste, aber das hörte auf, als sie in das Land Kanaan einzogen.

In der *Apostelgeschichte* sehen wir einige Beispiele außergewöhnlicher Führung. Ein Engel sprach zu Philippus und trug ihm auf, Samaria zu verlassen und auf eine öde Straße nach Süden zu gehen *(Apg 8,26)*. Ananias wurde vom Herrn in einer Vision aufgetragen, hinzugehen und Saulus zu treffen *(Apg 9,10-16)*. Petrus sah eine Vision, in der Gott offenbarte, dass er das Evangelium zu den Heiden tragen sollte *(Apg 10,9-16)*. Paulus sah eine Vision, die ihn anwies, nach Mazedonien zu gehen *(Apg 16,9)*. Er spricht auch davon, wie der Herr ihm in einer Vision in Jerusalem Anweisungen gab *(Apg 22,17-21)*. Aber das sind eher Ausnahmen als die Regel.

Wir können die Möglichkeit nicht völlig ausschließen, dass Gott seine Kinder heute auf ähnliche Weise führt. Aber so wie in der *Apostelgeschichte* sind solche Fälle selten.

In diesem Buch befassen wir uns nur mit den normalen Mitteln der Führung.

Es scheint, dass es zur Zeit des Alten Testaments leicht war, Gottes Willen herauszufinden. Das Mosaische Gesetz war in vielen Dingen klar und spezifisch. Die Israeliten in der Wüste brauchten nur bei Tag auf die Wolkensäule und bei Nacht auf die Feuersäule zu schauen und zu folgen. Sie mussten nicht geistlich sein, um zu wissen, wann und wohin sie ziehen mussten. Sie brauchten nur gutes Sehvermögen! Wenn der Hohepriester Gottes Willen zu finden suchte, musste er nur in der Gegenwart des Herrn die Lose „Urim und Thummim" werfen und sie zeigten „Ja" oder „Nein" an. Es war alles so einfach, weil es äußerlich und durch äußerliche Sinneswahrnehmungen zu verstehen war.

Sich auf den Heiligen Geist verlassen

Im Gegensatz dazu scheint es heute viel schwieriger zu sein, Gottes Willen zu erkennen. Der Grund ist, dass Gott möchte, dass wir selbst prüfen, was sein vollkommener Wille ist *(Röm 12,2)*. Der Heilige Geist lebt nun in einem Christen, um ihn zu führen und ersetzt alle äußeren Mittel der Führung, die es im Alten Testament gab. Äußere Führung ist für die Unreifen. Innere Führung ist für die Reifen – und das ist der Weg, auf dem Gott heute alle seine Kinder führen möchte.

Wenn wir Gottes Willen suchen, müssen wir herausfinden, was der Heilige Geist uns in unserem Geist sagt. Es ist daher unbedingt notwendig, dass wir danach streben, mit dem Heiligen Geist erfüllt zu werden. Die Bibel sagt:

„Seid nicht vage oder gedankenlos und töricht, sondern versteht und begreift, was der Wille des Herrn ist … lasst euch (daher stets) mit dem Heiligen Geist erfüllen" (Eph 5,17-18).

Die Worte in *Lukas 4,1* sind auch bedeutsam: *„Aber Jesus, voll Heiligen Geistes … wurde vom (Heiligen) Geist in die Wüste geführt."* Während seines gesamten irdischen Lebens wurde der Herr Jesus nur vom inneren Zeugnis des Heiligen Geistes regiert und geleitet – und niemals durch menschlichen Zwang oder Rat oder gar durch mitleidige Appelle.

Diese Sensibilität gegenüber der Stimme des Geistes fand man auch bei den frühen Christen. In der Apostelgeschichte stellen wir fest, wie

Philippus nach dem inneren Drängen des Geistes handelte und sich zum Wagen des äthiopischen Staatsmannes begab *(Apg 8,29);* Petrus gehorchte der inneren Stimme des Geistes, die ihn anhielt, zum Hause des Kornelius zu gehen *(Apg 10,19-20);* und die Führer in der Gemeinde in Antiochia erkannten das Zeugnis des Heiligen Geistes in ihrem Geist, der die Berufung von Saulus und Barnabas für den Dienst in der Auslandsmission bestätigte *(Apg 13,2).* Derselbe Geist möchte heute auch uns alle bei jeder Entscheidung leiten.

Die Stimme des Geistes erkennen

Der Heilige Geist spricht zu uns eher durch einen inneren Druck in unserem Geist als durch eine hörbare Stimme. Er drängt uns in unserem Inneren, etwas Bestimmtes entweder zu tun oder zu lassen. Normalerweise ist dies das Ergebnis von langen Zeiten im Gebet, in denen wir die Vor- und Nachteile unseres Vorhabens abwägen. Doch der Heilige Geist kann uns manchmal auch plötzlich drängen, irgendwohin zu gehen oder etwas zu tun. Aber plötzliche Impulse, etwas Lächerliches zu tun, können auch vom Teufel oder aus uns selbst kommen. Daher müssen wir vorsichtig sein. Der Heilige Geist wird uns auf keinen Fall im Gegensatz zur Lehre der Bibel leiten.

Wir können die Stimme des Heiligen Geistes an einem zunehmenden Drängen in unserem Geist erkennen und an dem wachsenden Frieden in unseren Gedanken, während wir über die Sache beten. *„Der Sinn, der auf den Heiligen Geist ausgerichtet ist, ist Leben und Friede“ (Röm 8,6; NASB).* Die Stimme des Teufels ist gewöhnlich beunruhigend und wird oft von Gerichtsdrohungen begleitet, wenn wir nicht sofort gehorchen. Gott gibt uns immer genügend Zeit, um zu überlegen und seinen Willen sicher zu erkennen.

In manchen Fällen mag uns der Heilige Geist leiten, etwas zu tun, was unser Verstand nicht völlig versteht. Stephen Grellet, ein amerikanischer Prediger, wurde einmal vom Geist zu einem bestimmten Holzfäller-Camp geführt und fand es leer vor. Aber er war sich der Führung so sicher, dass er in den leeren Speisesaal ging und dort seine Predigt hielt. Viele Jahre später kam in London ein Mann auf Grellet zu. Er erinnerte ihn an diese Begebenheit und erzählte, dass er dort der Koch gewesen und an jenem Tag als einziger im Lager gewesen sei. Er hatte sich draußen vor einem Fenster versteckt und Grellets Predigt zugehört. Er bekehrte sich und begann, für den Herrn zu arbeiten. Eine solche Führung ist jedoch äußerst selten.

Es ist für uns oft nicht einfach, zwischen der Stimme unseres Herzens und der Stimme des Heiligen Geistes zu unterscheiden, denn unser Herz ist so trügerisch. Wenn wir beispielsweise einen möglichen Ehepartner ins Auge fassen, können wir das emotionale Drängen und das „wachsende Gefühl des Friedens und der Freude", sobald wir darüber nachdenken, als Zeugnis des Heiligen Geistes missverstehen. Die Wahrscheinlichkeit, verführt zu werden, können wir jedoch deutlich verringern, wenn wir unsere Motive prüfen und sicherstellen, dass wir allein die Ehre Gottes suchen und bereit sind, alles anzunehmen, was Gott für uns bereithalten mag. Gewöhnlich kommen wir vom rechten Wege ab, wenn eine solche Hingabe fehlt oder wenn unsere Motive selbstsüchtig sind.

Gottes Wille wird manchmal genau dem entsprechen, was uns selbst gefällt, aber er kann auch etwas sein, was wir instinktiv nicht mögen. Wir sollten nicht meinen, dass Gottes Wille immer das Schwerste ist, das vor uns liegt. Es muss aber auch nicht das Leichteste sein. Wenn wir uns in einer schwierigen Situation befinden oder einen schwierigen Beruf haben, können wir versucht sein, einfach davon wegzulaufen. Das kann leicht als Führung des Geistes missverstanden werden. Wenn wir in solchen Situationen Zweifel haben, ist es besser, zu bleiben, wo wir sind und auf Gott zu vertrauen, dass er uns Gnade schenkt, um den Sieg Christi in unserer Situation zu bezeugen.

Wenn du dich entscheiden musst, könnte ein praktischer Schritt darin bestehen, eine Art „Bilanz" zu erstellen. Nimm ein Blatt Papier, mache zwei Spalten und schreibe auf die eine Seite alles, was dafür spricht, und auf die andere Seite alles, was dagegen spricht. Bete täglich über diese Liste und revidiere sie, wenn nötig. Sei aufrichtig bereit, beide Möglichkeiten zu akzeptieren. Während du weiter betest, wird dir der Heilige Geist in deinem Geist Zeugnis darüber geben, was du tun sollst. Wenn du in deinem Geist einen wachsenden Frieden in Bezug auf ein bestimmtes Vorgehen erfährst, wird das gewöhnlich ein Hinweis darauf sein, was du nach Gottes Willen tun sollst. Die Bibel sagt:

„Lasst den Frieden, der von Christus (durch den Heiligen Geist) kommt, in euren Herzen regieren (ständig als Schiedsrichter agieren) – entscheidet und klärt mit Entschiedenheit alle Fragen, die in euren Gedanken aufkommen" (Kol 3,15; AB).

Wie in einem Fußballspiel, wenn der Schiedsrichter pfeift (um ein Foul anzuzeigen), so sollten wir uns selbst prüfen, wenn wir unseren Frieden verlieren. Wir sollten nur voranschreiten, wenn wir vollkommenen Frieden in unserem Geist haben.

Die Bedeutung des Geistes erkennen

Es ist unbedingt notwendig, dass wir die Bedeutung des inneren Zeugnisses des Heiligen Geistes erkennen, von der wir in diesem Kapitel gesprochen haben, denn dies ist das Hauptmittel, durch das er seine Kinder heute führt. Wir müssen immer den inneren Eingebungen sowie der inneren Kontrolle des Geistes gehorchen. Es ist für einen Christen nicht genug, nur nach dem Prinzip „richtig oder falsch" zu gehen. Das ist die Ebene des Alten Bundes. Wir sind im Neuen Bund aufgerufen, auf einer höheren Ebene zu leben – am Leben Gottes teilzuhaben und von diesem Leben regiert zu werden. Diese beiden Ebenen des Lebens werden durch die beiden Bäume im Garten Eden symbolisiert – den Baum der Erkenntnis des Guten und Bösen und den Baum des Lebens. Es ist gut, einen Kodex zu haben, der einem sagt, was gut und was böse ist und nach diesem Maßstab zu leben. Aber das bedeutet, dass man in ein Leben „unter dem Gesetz" zurückfällt. Der christliche Standard ist höher *(Mt 5,17-48)*.

In seiner Broschüre *„Two Principles of Conduct"* sagt Watchman Nee:

„Es ist eine äußerst erstaunliche Tatsache, dass das Ziel so vieler Christen nur die Anpassung an einen äußerlichen Standard ist, obwohl das, was Gott uns durch die Neugeburt geschenkt hat, nicht eine Reihe neuer Vorschriften und Regeln sind, nach denen wir uns richten sollen. Er hat uns nicht zu einem neuen Sinai gebracht und uns keinen neuen Satz von Geboten mit ihrem ‚Du sollst' und ‚Du sollst nicht …' gegeben. Als Christ besitzt du jetzt das Leben Christi, und was du jetzt bedenken musst, ist, wie sein Leben reagiert. Wenn du beim Nachdenken über einen bestimmten Schritt ein Ansteigen dieses Lebens in dir spürst, wenn es eine positive Resonanz aus dem inneren Leben gibt, wenn du ‚die Salbung' hast *(1Joh 2,20.27),* dann kannst du den beabsichtigten Kurs mit Zuversicht verfolgen. Das innere Leben hat es bezeugt. Wenn aber beim Nachdenken über einen bestimmten Schritt das innere Leben zu ermatten beginnt, dann kannst du wissen, dass der Schritt, den du ins Auge gefasst hast, vermieden werden soll, wie empfehlenswert er auch erscheinen mag.

Weißt du nicht, dass das Verhalten vieler Christen vom Prinzip ‚richtig oder falsch' regiert wird? Worin unterscheidet sich der Christ vom Nicht-Christen, wenn das gleiche Prinzip beide regiert? Gottes Wort zeigt uns klar, dass der Christ vom Leben Christi regiert wird, nicht durch einen äußerlichen Moralkodex. Im Innern eines Christen ist etwas Wesentliches, das dem, was von Gott kommt, gehorcht, aber dem, was nicht von Gott kommt, widerstrebt. Deshalb müssen wir auf unsere inneren Regungen achtgeben … Wir dürfen nicht riskieren, von Äußerlichkeiten oder durch die Vernunft – unsere eigene oder die anderer Leute – regiert zu werden. Andere mögen eine bestimmte Sache billigen, und wenn wir die Vor- und Nachteile abwägen, mögen auch wir sie für richtig halten; aber was sagt das innere Leben dazu?

Wenn du einmal erkannt hast, dass der entscheidende Faktor in allem christlichen Handeln Leben ist, dann weißt du, dass du nicht nur alles vermeiden musst, was böse ist, sondern auch alles, was nur äußerlich gut ist. Nur was aus dem christlichen Leben fließt, ist christliches Verhalten; daher können wir keiner Handlung zustimmen, die nicht aus Leben entspringt ... Viele Dinge sind nach menschlichen Maßstäben richtig, aber der göttliche Maßstab erklärt sie für falsch, weil ihnen göttliches Leben fehlt ... Gottes Weg für uns erkennt man nicht durch äußerliche Hinweise, sondern durch inneres Erfassen. Es sind Friede und Freude im Geist, die den Pfad des Christen kennzeichnen. Es ist eine Tatsache, dass der Herr Jesus Christus im Gläubigen wohnt und sich ständig in uns ausdrückt, daher müssen wir für sein Leben sensibel sein und zu unterscheiden lernen, was dieses Leben uns sagt."

Möge Gott uns helfen, diese Lektion zu lernen.

Zusammenfassung

1. Gott führt uns selten auf spektakuläre Weise. In diesem Zeitalter des Neuen Testaments leitet uns Gott durch den Heiligen Geist. Daher müssen wir danach trachten, mit dem Heiligen Geist erfüllt zu werden.

2. Der Heilige Geist spricht zu uns durch ein inneres Drängen in unserem Geist. Dieses Drängen nimmt zu, wenn wir im Gebet auf Gott warten und wird von einem wachsenden inneren Frieden begleitet werden.

3. Um die Stimme des Geistes von anderen Stimmen zu unterscheiden, sollten wir unsere Motive prüfen und zusehen, dass sie rein sind.

4. Eine „Bilanz", um die Vor- und Nachteile einer beabsichtigten Handlung abzuwägen, kann hilfreich sein, um uns zu befähigen, Gottes Willen zu finden.

5. Wir müssen großen Wert auf das innere Zeugnis des Heiligen Geistes legen, denn dies ist heute Gottes Hauptwerkzeug, um uns zu leiten. Gott erwartet, dass wir durch dieses innere Zeugnis in unserem täglichen Leben und nicht bloß durch einen Moralkodex regiert werden.

Kapitel 4

Führung durch äußere Mittel

Der Heilige Geist spricht zu unserem Geist durch die folgenden äußerlichen Mittel, wenn wir seine Führung suchen:

(i) die Lehre der Bibel

(ii) das Zeugnis von Umständen

(iii) den Rat anderer Christen

Wenn wir den Willen Gottes genau herausgefunden haben, wird das Zeugnis des Heiligen Geistes durch diese äußerlichen Mittel mit seinem inneren Zeugnis in unserem Geist übereinstimmen.

Die Lehre der Bibel

Die Bibel ist uns gegeben, damit wir in richtiger Lehre unterwiesen und auf dem Weg der Gerechtigkeit geführt werden *(2Tim 3,16-17)*. In vielen Dingen ist Gottes Wille darin bereits klar offenbart.

Wenn du die Ehe mit einem Ungläubigen in Betracht ziehst (sogar wenn dieser ein Namenschrist und ein regelmäßiger Kirchgänger ist), ist das Wort Gottes deutlich:

„Zieht nicht an einem fremden Joch (ein Symbol der Ehe) mit Ungläubigen – geht mit ihnen keine unpassenden Verbindungen ein" (2Kor 6,14).

Ebenso lehrt uns die Bibel klar, dass wir einem Bruder, den wir in materieller Not sehen, helfen sollen *(Jak 2,15-16; 1Joh 3,17)*. Oder, wenn du einen Konflikt mit einem anderen Gläubigen hast und du wissen möchtest, ob du ihn vor Gericht ziehen sollst oder nicht, sagt die Bibel ausdrücklich „Nein" *(1Kor 6,1-8).* Die Bibel lehrt auch, dass Lügen und Stehlen immer falsch sind *(Eph 5,25.28).* Wenn es eine Entfremdung zwischen dir und einem anderen Gläubigen gegeben hat, weil du ihn auf irgendeine Weise verletzt hast, dann lässt die Bibel erneut keinen Raum für Zweifel, was du tun sollst. Du sollst hingehen und dich mit ihm versöhnen, wobei du selbst die Initiative übernimmst *(Mt 5,21-24).*

Wenn du einen Vertrag oder eine schriftliche Verpflichtung mit einer Firma oder einer Institution unterschrieben hast, dann gibt es keine Notwendigkeit, Gottes Willen zu suchen, ob du diesen Vertrag brechen oder diese Verpflichtung auflösen kannst, wenn sich irgendwo eine attraktivere Stelle anbietet. Die Bibel sagt, dass jemand, der mit Gott wandelt, *„ein Versprechen hält, auch wenn es ihm schadet" (Ps 15,4; TLB),* und auch dass Gott *„Gefallen an jenen Menschen hat, die ihre Versprechen halten und die verabscheut, die dies nicht tun" (Spr 12,22; TLB).*

Ebenso lehrt die Bibel, dass wir niemandem etwas schuldig sein sollen *(Röm 13,8).*

Neben spezifischen Befehlen gibt uns das Wort Gottes auch Leitlinien und Prinzipien. Wenn jemand z.B. eine Ehe erwägt, mag sich ein junger Mann fragen, ob er um eine Aussteuer bitten soll, wie es andere in seinem Kulturkreis tun. Gottes Wort warnt uns deutlich, uns vor Habgier und der Liebe zum Geld in Acht zu nehmen. Die allumfassende Lehre der Heiligen Schrift ist, dass wir lernen sollten zu geben statt zu nehmen – und noch viel weniger, Forderungen zu stellen *(Apg 20,33-35).* Es ist klar, dass Gott es niemals gutheißen kann, wenn jemand um eine Aussteuer bittet (oder diese auch nur erhofft).

Wie steht es mit der Anhäufung von Reichtum durch Glücksspiele? In *Sprüche 22,22 (TLB)* heißt es:

„Der Versuch, schnell reich zu werden, ist böse und führt zur Armut" (vgl. Spr 13,11; 28,20 u. 1Tim 6,9-11).

Aus diesen Abschnitten geht klar hervor, dass Gott es nicht billigt, wenn sich ein Christ in irgendeiner Form an Lotterien oder Wetten oder Glücksspielen beteiligt.

Gottes Wort ist in der Tat *„ein Licht. das den Weg (vor uns) erleuchtet und uns vor dem Straucheln bewahrt" (Ps 119,105; TLB).*

In seltenen Fällen kann Gott uns seine Führung durch bestimmte Verse in unserer täglichen Bibellese bestätigen. Aber Vorsicht ist geboten, weil wir oft dazu neigen, etwas in einen Abschnitt hineinlesen, was im Grunde nicht dort steht. Gewöhnlich werden wir auf solche Abschnitte aufmerksam, ohne dass wir danach Ausschau halten. Es ist unweise, bei unserem täglichen Bibelstudium nach zweideutigen Versen zu suchen, denn das ist nicht der Zweck der „stillen Zeit" und wir können dadurch leicht irregeleitet werden.

Ein junger Christ möchte vielleicht sehr gern in die USA gehen, während Gott möchte, dass er in Indien bleibt. Die materiellen Verlockungen der westlichen Welt haben aber vielleicht derartig starken Einfluss auf ihn, dass er bei einem Vers wie *„Sie werden … Richtung Westen fliegen" (Jes 11,14)* sofort folgern wird, dass Gott ihn ermutigt, dorthin zu gehen. Unser Herz ist trügerisch und der Teufel ist ein raffinierter Feind. Wir müssen vor beiden auf der Hut sein.

In seiner übernatürlichen Weisheit mag Gott uns durch einen Vers leiten, der aus dem Zusammenhang gerissen wurde, aber das ist eher die Ausnahme als die Regel. Und wenn Gott eine solche Methode benutzt, dann gewöhnlich nur, um die Führung zu bestätigen, die wir auf üblichen Wegen erhalten. Wir sollten niemals in wichtigen Angelegenheiten solche Verse zur einzigen Grundlage der Führung machen.

Das Zeugnis unserer Lebensumstände

Gott ist der Gott der Vorsehung. Er kann unsere Lebensumstände steuern und dadurch seinen Willen offenbaren. Er lässt es zu, dass uns gewisse Dinge zustoßen, um entweder die Führung zu bestätigen, die wir durch das Zeugnis des Geistes empfangen haben oder um uns davor zu bewahren, einen falschen Schritt zu tun. Wie Georg Müller sagte:

„Sowohl die Schranken als auch die Schritte eines guten Menschen werden vom Herrn bestimmt" (vgl. Ps 37,23).

Man muss jedoch im Gedächtnis behalten, dass zu einem gewissen Ausmaß auch Satan unsere Schritte bestimmen kann, um uns in die Irre zu führen. Viele wurden verführt, sich bei der Wahl ihres Lebenspartners von Umständen leiten zu lassen, die der Teufel arrangiert hatte, um sie in die Falle zu locken! Solcher Verführung entgeht man, indem man die Bedingungen erfüllt, die in Kapitel 2 erwähnt wurden.

Umständen, die von Gott angeordnet wurden, muss man sich unterwerfen und sie akzeptieren, während man denen, die von Satan arrangiert wurden, widerstehen muss. Wenn wir nicht sicher sind, können wir etwa so beten:

„Herr, ich weiß nicht, ob diese Situation von dir oder von Satan arrangiert wurde. Aber ich möchte um jeden Preis deinen Willen tun. Bewahre mich davor, verführt zu werden und auf diese Weise dein Bestes zu verpassen. Wenn das von dir kommt, nehme ich es mit Freuden an. Wenn es von Satan ist, dann widerstehe ich ihm und binde ihn in deinem Namen."

Der Herr wird unseren Weg bewahren und bewirken, dass alle Dinge zu unserem Besten dienen, wenn wir vor ihm ehrlich sind und nach seinen Geboten leben *(Spr 2,8; Röm 8,28)*. Satan hinderte Paulus daran, nach Thessalonich zu gehen, aber stattdessen ging Timotheus dorthin und Gottes Zwecke wurden doch noch erfüllt *(1Th 2,18; 3,1-2)*.

Wir finden in der *Apostelgeschichte* eine Reihe von Beispielen, wo Gott durch Umstände führte. Gott benutzte Verfolgung, um die Gemeinde zur Verbreitung des Evangeliums aus Jerusalem heraus zu zerstreuen *(Apg 8,1)*. Paulus und Barnabas gingen von einem Ort zum anderen, wenn die Verfolgung so zunahm, dass es sinnlos wurde zu bleiben *(Mt 10,23; Joh 7,1)*. Gott benutzte eine Hungersnot, um Saulus und Barnabas nach Jerusalem zu bringen *(Apg 11,28-30)*, wo sie die Kraft des anhaltenden Gebets zu Gott erfuhren *(Apg 12,5)*. Als sie nach Antiochia zurückkehrten, gaben sie diesen Geist des Gebets an ihre Mitarbeiter weiter, was schließlich dazu führte, dass sich das Werk in weit entfernte Regionen ausbreitete *(Apg 12,25-13,3)*.

Gott benutzte widrige Umstände in Philippi, um Paulus und Silas dahin zu leiten, einem bedürftigen Gefängnisaufseher das Evangelium zu predigen *(Apg 16,19-34)*. Die letzten acht Kapitel der Apostelgeschichte zeigen, wie Gott Umstände benutzte, um Paulus zu leiten, das Evangelium einer Reihe von Menschen zu predigen, die er normalerweise nicht getroffen hätte *(vgl. Phil 1,12)*.

Einige der größten Missionare der Welt wurden durch äußere Umstände auf ihre Missionsfelder geführt. David Livingstone fühlte sich ursprünglich geleitet, nach China zu gehen und machte eine medizinische Ausbildung, um sich auf den Dienst in diesem Land vorzubereiten. Als er bereit war, nach China zu gehen, war China wegen des Opiumkrieges „geschlossen". Die „London Missionary Society" schlug nun die Westindischen Inseln als Missionsfeld vor. Er lehnte das ab mit der Begründung, dass es dort schon genügend Ärzte gäbe. Schließlich ging Livingstone durch den Kontakt mit dem Missionar Robert Moffat, der dort Pionierarbeit leistete, nach Afrika.

Adoniram Judson fühlte sich aufgefordert, als Missionar in Indien zu dienen und dementsprechend schiffte er sich von Amerika aus ein. Bei seiner Ankunft in Indien verweigerte man ihm den Aufenthalt. In Madras wurde er aufgefordert, das Land bis zu einem bestimmten Datum zu verlassen. Er war daher gezwungen, an Bord des einzigen Schiffes zu gehen, das Madras vor diesem Datum verließ. Das Schiff war unterwegs nach Birma [Myanmar] und Judson verbrachte den Rest seines Lebens dort.

Das Werk, das diese Männer in den jeweiligen Ländern für Gott vollbrachten, beweist klar, dass es Gott war, der die Umstände so arrangiert hatte, um sie dorthin zu führen.

Gott kann uns hindern, Wege einzuschlagen, die er nicht für uns vorgesehen hat, indem er uns ans Krankenbett fesselt oder bewirkt, dass wir einen Zug, einen Termin oder ein Vorstellungsgespräch verpassen. Fehlschläge können seine Vorschläge sein, wenn wir unter Gottes Herrschaft stehen. Wenn wir etwas nicht bekommen, was wir uns inniglich gewünscht und erbeten haben, können wir sicher sein, dass Gott etwas Besseres für uns bereithält.

Ein verpasster Zug und ein verspätetes Schiff lenkten mich einmal so, dass ich zu einer bedürftigen Seele sprechen konnte, die am selben Abend ihr Herz für den Herrn öffnete. Die Versetzung auf ein Schiff, das ich nicht mochte, war einmal Gottes Weg, mich mit einem jungen Matrosen zusammenzubringen, der dann sein Leben dem Herrn übergab und sich taufen ließ. Gott macht keine Fehler. Er ist der Herr der Vorsehung. Wir können ihm vertrauen, dass er unsere Lebensumstände zu seiner Ehre und zu unserem Besten arrangieren wird.

Manchmal können wir Gott bitten, seinen Willen zu offenbaren, indem er die äußeren Umstände verändert, wenn wir auf ein Hindernis auf unserem Weg stoßen. Als der Herr mich im Mai 1964 berief, aus dem Offiziersdienst in der indischen Marine auszuscheiden und ich meine Entlassung beantragte, wurde meine Kündigung vom Hauptquartier der indischen Marine prompt abgelehnt. Die Umstände standen somit im Gegensatz zu dem, was ich in meinem Inneren als das Zeugnis des Heiligen Geistes empfand. Ich betete, dass der Herr die Umstände verändern, mich aus der Marine entlassen und dies zu einer Bestätigung für seine Berufung machen würde. Ich stellte dreimal den Antrag, aus dem Offiziersdienst auszuscheiden. Nach zwei Jahren wurde ich schließlich entlassen. Da war es für mich dann offensichtlich, dass das anfängliche Hindernis von Satan konstruiert worden war. Doch Gott beseitigte das Hindernis, um meinen Glauben an seine vollkommene Souveränität über Regierungen und über irdische Mächte zu stärken und um mich mehr über seine Methoden zu lehren.

Er ist in der Tat der Eine, der den Schlüssel zu jeder Tür hat. Wenn er eine Tür öffnet, kann sie niemand zuschließen, und wenn er eine Tür zuschließt, kann sie niemand öffnen *(Offb 3,7)*. Selbst das Herz eines Königs kann er lenken, wohin er will *(Spr 21,1; vgl. Esr 6,22)*.

Gott kann uns auch gegen die Umstände leiten. Als die erste Welle der Verfolgung über Jerusalem hinwegfegte, liefen die Apostel nicht davon, sondern beteten um Freimut. Gott erfüllte sie mit dem Heiligen Geist und Jerusalem erbebte bei der Demonstration seiner Kraft, denn die Zeit war noch nicht gekommen, dass die Jünger zerstreut werden sollten *(Apg 4,29-33; 5,11-14)*.

Als Philippus Samaria verließ, um nach Süden auf die Wüstenstraße zu gehen, geschah das gegen die Umstände, die dafür sprachen, in Samaria zu bleiben, wo er von großem Nutzen war *(Apg 8,26)*.

Die Umstände sind demnach nicht immer ein Hinweis auf Gottes Willen. Sie dürfen nur in Zusammenhang mit und in Unterordnung gegenüber dem inneren Zeugnis des Heiligen Geistes in unserem Geist und seinem Zeugnis durch die Bibel berücksichtigt werden. Gott erwartet nicht, dass seine Kinder wie Schachfiguren von den Umständen hin- und hergeschoben werden. Er ist der Herr über die Umstände und er möchte, dass seine Kinder Anteil an seiner Herrschaft haben.

Ist es richtig, Gott um ein Zeichen zu bitten? Das Alte Testament berichtet von einigen Beispielen, wo Menschen Gott um ein Zeichen baten, um seinen Willen zu erkennen. Abrahams Knecht bat um ein Zeichen und fand die Braut, die Gott für Isaak ausgesucht hatte *(1Mo 24,10-27)*. Gideon bat Gott, seinen Willen durch ein Zeichen zu bestätigen. In der folgenden Nacht bat er Gott um ein umgekehrtes Zeichen. Gott antwortete beide Male und bestätigte seinen Willen *(Ri 6,36-40)*. Die Matrosen auf dem Schiff, auf dem sich Jona befand, warfen Lose, um herauszufinden, wer die Ursache für den Sturm war. Gott antwortete *(Jon 1,7)*. Das Loswerfen wurde auch bei einigen anderen Anlässen benutzt *(Jos 7,14; 1Sam 10,20; 14,41-44; vgl. Spr 16,33)*. Im Neuen Testament finden wir nur ein Beispiel, wo Menschen Gott um ein Zeichen baten, um seinen Willen zu erkennen, aber das war vor dem Pfingsttag *(Apg 1,23-26)*. Beachte, dass nach dem Kommen des Heiligen Geistes im Neuen Testament kein einziger Fall überliefert wird, wo Gläubige versuchen, Gottes Willen durch ein Zeichen zu finden. Das scheint darauf hinzuweisen, dass das nicht länger Gottes normale Methode der Führung ist. Es erfüllte seinen Zweck zur Zeit des Alten Testaments, als der Heilige Geist noch nicht im Menschen wohnte.

Gott kann jedoch durch ein gelegentliches Zeichen seinen Willen bestätigen oder unseren müden Geist ermutigen. Wenn andere Methoden der Leitung ergebnislos bleiben, nur dann dürfen wir es wagen, Gott um ein Zeichen zu bitten. Aber selbst dann sollten wir noch darum beten, welche Art von Zeichen wir erbitten sollen. Wir sollten Zeichen nicht als ein Mittel benutzen, unseren eigenen Willen durchzusetzen. Wir sollten Gott beispielsweise nicht um ein Zeichen bitten, wenn wir in Wirklichkeit nur eine Ausrede finden wollen, um nicht den Weg zu gehen, den wir nach Gottes Willen einschlagen sollten. Dabei sollten wir Gott auch nicht um etwas bitten, das so allgemein ist, dass es überhaupt kein Zeichen ist, nur um eine Ausrede zu haben, um auf unserem selbstgewählten Weg weiterzugehen.

Wir sollten uns auch davor hüten, was einige Christen sich angewöhnt haben, nämlich Gott um einen Bibelvers als Zeichen bitten und dann mit geschlossenen Augen die Bibel aufschlagen und den Finger auf die aufgeschlagene Seite legen. Diese Methode kann uns in die Irre führen und ist in jedem Fall töricht. Die Bibel ist kein Zauberbuch! Behandle sie nicht so, als ob sie es wäre. Gott kann diese Methode manchmal benutzen, um uns zu ermutigen. Aber sie sollte in wichtigen Angelegenheiten niemals zur einzigen Methode der Führung gemacht werden.

Es ist völlig unbiblisch, ein Zeichen zum hauptsächlichen oder zum einzigen Mittel der Leitung zu machen. Wir sollten auch daran denken, dass das ständige Suchen nach einem Zeichen ein Kennzeichen geistlicher Unreife ist.

Der Rat anderer Christen

Das Neue Testament betont sehr stark die Notwendigkeit, dass Gläubige als Glieder eines Leibes zusammenwirken. Kein Glied kann unabhängig von den anderen seine Funktion erfüllen. Zum Leben und zum Überleben sind alle Glieder voneinander abhängig. Es ist daher nur logisch anzunehmen, dass Gott auch bei der Führung großen Wert auf die Gemeinschaft der Gläubigen legt. Er hat das als Schutz vorgesehen, damit wir seinen vollkommenen Willen nicht verpassen.

Allein sind wir vielleicht nicht fähig, alle Vor- und Nachteile eines Vorhabens zu erkennen. Der Rat anderer gottesfürchtiger Menschen wird uns eine unschätzbare Hilfe sein, die Entscheidung, die wir treffen wollen, aus allen Blickwinkeln zu betrachten. Das ist besonders notwendig, wenn wir vor einer größeren Entscheidung stehen. Wenn wir in stolzer Unabhängigkeit dieses von Gott bestimmte Mittel der Führung ignorieren, können wir nur Schaden erleiden.

Die Bibel sagt: *„In der Vielzahl der Ratgeber ist Sicherheit ... Presche mit deinen eigenen Plänen nicht ohne den Rat anderer voran ... Der Rat eines weisen Menschen erfrischt wie Wasser aus einer Gebirgsquelle. Wer ihn annimmt, wird sich der Fallgruben, die vor ihm liegen, bewusst ... Ein Tor glaubt, dass er keinen Rat braucht, aber ein Weiser hört auf andere ... Der Gerechte erbittet von Freunden Rat; aber der Gottlose prescht voran und kommt zu Fall" (Spr 24,6; 20,18; 13,14; 12,15.26; TLB).*

Es gibt jedoch zwei Extreme, die es zu vermeiden gilt. Eines ist, dass wir uns vom Rat gottesfürchtiger Menschen völlig unabhängig machen. Das andere ist, dass wir uns so völlig auf ihren Rat verlassen, dass wir ihn fraglos als Gottes vollkommenen Willen annehmen. Wenn wir zu einem dieser beiden Extreme neigen, werden wir entweder in die Irre gehen oder unser ganzes Leben wird geistlich verkümmert bleiben. Gott möchte zwar, dass wir von anderen Christen Rat annehmen, er erwartet aber nicht von uns, dass wir uns sklavisch an ihren Rat halten – auch wenn es heilige Menschen sind.

Die Bibel präsentiert die Wahrheit in einer perfekten Ausgewogenheit. Der Mensch hat leider die Tendenz, in Extreme zu verfallen. Das hat viele Irrlehren im Christentum hervorgebracht.

Im Alten Testament wird diese ausgewogene Sicht in *1. Könige 12 und 13* deutlich aufgezeigt. In *Kapitel 12* hätte der junge König Rehabeam den Rat der gottesfürchtigen Ältesten annehmen sollen, statt auf junge Männer wie er selbst es war, zu hören. Weil er dies nicht tat, löste er die Teilung seines Königreiches aus. In *Kapitel 13* hätte der junge Prophet nicht auf den Rat des älteren Propheten hören sollen *(„Es ist nicht das bloße Alter, was einen Menschen weise macht" – Hi 32,9; TLB).* Weil er es tat, verlor er sein Leben.

Im Neuen Testament sehen wir diese Ausgewogenheit im Leben des Apostels Paulus. In *Apostelgeschichte 13,1-3* sehen wir, wie Gott Paulus zum Missionsdienst im Ausland beruft. Aber gleichzeitig offenbarte Gott seinen Willen für Paulus auch seinen Mitarbeitern. Was Gott privat zu Paulus sprach, wurde ihm auf diese Weise durch andere bestätigt. Demgegenüber sehen wir in *Apostelgeschichte 21,1-15,* dass Paulus den Rat aller anderen Gläubigen verwarf (und sogar die Prophezeiungen einiger von ihnen), und in die Richtung ging, die er als Gottes Willen für sich empfand. Gott bestätigte Paulus später, dass es richtig war, nach Jerusalem zu gehen *(Apg 23,11).*

Bei wieder einer anderen Gelegenheit, am Anfang seines Lebens als Christ ging Paulus nach Arabien, wobei er Gottes Willen völlig eigenständig herausgefunden hatte, ohne sich mit irgendjemandem zu beraten *(Gal 1,5-17).*

Diese Beispiele aus Gottes Wort legen nahe, dass es Gelegenheiten gibt, bei denen wir den Rat gottesfürchtiger Menschen beachten sollten, und andere, bei denen wir gegen den Rat derselben Menschen handeln sollten, und wiederum andere, bei denen wir überhaupt niemanden zu Rate ziehen müssen. In allen Fällen, ob wir nun Rat von anderen annehmen oder verwerfen oder diesen gar nicht suchen, muss die letztendliche Entscheidung immer die eigene sein, denn wir sind Gott für unsere Entscheidungen persönlich verantwortlich. Der Rat eines Mannes Gottes kann unschätzbar sein, aber er ist niemals unfehlbar.

In seinem Buch *„Prophecy – A Gift for the Body of Christ"* schreibt Michael Harper:

„Prophezeiungen, die anderen Menschen sagen, was sie tun sollen, sollten mit großem Misstrauen betrachtet werden. Nirgendwo in der Schrift heißt es, dass Prophezeiung zur ‚Führung' genutzt werden soll. Paulus wurde gesagt, was ihm passieren würde, wenn er nach Jerusalem ginge, aber nicht, ob er gehen oder nicht gehen sollte. Seine Freunde mögen ihm einen Rat dazu gegeben haben, aber die Führung kam nicht durch eine Prophezeiung. Agabus sagte eine Hungersnot voraus, aber die Prophezeiung gab keine Anweisungen, was man deswegen unternehmen sollte. Im ganzen Neuen Testament wird Führung direkt an den Einzelnen gegeben, nicht durch andere Personen, wie es im Alten Testament häufig der Fall war. Obwohl z.B. Kornelius durch einen Engel gesagt wurde, Petrus zu holen *(Apg 10,5),* wurde Petrus durch eine unabhängige Offenbarung gesagt, dass er mit ihnen gehen sollte *(Apg 10,20).*"

In seiner Broschüre *„Guidance"* schreibt James McConkey:

„Fleisch und Blut konnten Simon Petrus den Christus nicht offenbaren *(Mt 16,17).* Fleisch und Blut können uns auch nicht die Dinge Christi offenbaren, und es ist auch nicht von Bedeutung, ob es unser eigenes Fleisch und Blut oder das eines anderen ist. Denn das Fleisch und Blut eines anderen ist mit derselben Schwachheit behaftet und unterliegt denselben Irrtümern wie wir. Außerdem wird der Mensch, der sich bei seiner Führung auf seine Freunde verlässt, feststellen, dass die Vielfalt ihrer Ratschläge seine Ratlosigkeit nur noch vergrößert. Denn es ist auch ein göttliches Prinzip, dass Gott seine Pläne für dein Leben nicht einem anderen Menschen offenbart. Der deutlichste Beweis dafür ist Christi Tadel, als Petrus Gottes Willen für Johannes erfahren wollte *(Joh 21,22).* Am Anfang kannst du einem Kleinkind helfen zu laufen, aber wenn es jemals lernen soll, alleine zu gehen, kommt die Zeit, dass es deine Hand loslassen und alle Abhängigkeit aufgeben muss. Der Christ, der lernen möchte, mit Gott zu wandeln, muss dieselbe Lektion lernen. Und so wie es das Baby einige Stürze kostet, laufen zu lernen, so kostet es uns auch so manche Fehlschläge, bis wir gelernt haben. Es ist besser, auf diese Weise zu lernen, als überhaupt nicht zu lernen. Der Preis ist nicht zu hoch für einen solchen Schatz, allein mit Gott zu wandeln, an dem Ort, an den Gott selbst uns geführt hat. Hat denn Gott bei dieser Frage der Führung keinen Platz für deine christlichen Freunde? Das hat er gewiss. Besorge dir jede mögliche Hilfe; all das Licht aus dem Wort Gottes; alle mögliche Erfahrung anderer Menschen. Das heißt, die Fakten kannst du von anderen bekommen. Aber die Entscheidungen musst du selbst treffen. Denn wenn wir an den Punkt der Entscheidung kommen, können wir das persönliche, geduldige Warten auf Gott allein nicht umgehen, wodurch wir die wertvollsten Lektionen seiner Führung erhalten."

Trotzdem, wann immer wir uns gegen den Rat von reifen Christen stellen müssen, sollten wir unsere Führung mehrfach prüfen, um sicherzugehen, dass es tatsächlich Gott ist, der uns leitet. Das müssen wir besonders bei größeren Entscheidungen im Gedächtnis behalten.

Die Stimme des Herrn

Am Berg der Verklärung wurde Petrus von Gott zurechtgewiesen, weil er versuchte, den Herrn Jesus auf eine Stufe mit Mose und Elia zu stellen. Diese Männer waren zwar zur Zeit des Alten Testaments Gottes Wortführer gewesen, aber ein neues Zeitalter brach an und Petrus musste das verstehen. In diesem neuen Zeitalter würde es nur einen Wortführer geben: *„Dies ist mein geliebter Sohn; hört beständig auf ihn und gehorcht ihm" (Mk 9,7).* Als daher die Jünger erneut um sich blickten, *„sahen sie niemanden mehr bei ihnen, außer Jesus allein"*. Es ist die Stimme des Herrn, die wir letztendlich hören müssen, egal welche Mittel Gott gebrauchen mag, um zu uns zu sprechen.

In *„What Shall This Man Do?"* schrieb Watchman Nee:

„Christsein bedeutet stets eine persönliche Erkenntnis Gottes durch den Geist und nicht bloß ein Erkennen seines Willens durch die Vermittlung eines Menschen oder eines Buches …

Konkret bedeutet das, dass wir heute die Bibel haben, repräsentiert durch Mose, und den menschlichen Boten, repräsentiert durch Elia, der den Tod nie schmeckte. Diese beiden Geschenke Gottes an jeden Gläubigen gehören zu den wichtigsten Faktoren unseres Lebens als Christ: Das Buch Gottes in unserer Hand, um uns zu unterweisen, und der Freund, der eng mit dem Herrn lebt und uns oft mitteilen kann, was ihm der Herr gezeigt hat. Das Buch ist immer richtig; der Rat eines Freundes ist oft richtig. Wir brauchen Gottes Buch und wir brauchen Gottes Propheten. Er möchte nicht, dass wir eines von beiden verwerfen. Aber die Lektion dieser Begebenheit auf dem Berg der Verklärung ist sicherlich, dass keines davon die lebendige Stimme Gottes, die zu unserem Herzen spricht, ersetzen kann.

Wir dürfen es nicht wagen, Gottes Boten zu verachten. Wir brauchen immer wieder die aufrüttelnde Herausforderung eines wahrhaft prophetischen Wortes oder die Ruhe durch reife geistliche Unterweisung. Aber wir verlassen uns nicht völlig und ausschließlich auf Offenbarungen durch heilige Männer Gottes, wie solide und gut sie auch sein mögen. Wir haben die Pflicht, auf die Stimme des Herrn zu hören und ihr zu folgen.

Noch weniger dürfen wir es wagen, Gottes geschriebenes Wort zu verachten. Die inspirierten Schriften der Wahrheit sind entscheidend für unser Leben und für unsere Entwicklung, und wir möchten nicht ohne sie sein, und wagen es auch nicht! Dennoch stehen manche von uns in der Gefahr, mehr auf den Buchstaben des Wortes als auf Jesus Christus selbst als letzte Autorität zu schauen. Wir sind entschlossen, alles was die Bibel sagt, äußerst gewissenhaft und bis ins kleinste Detail auszuführen, und Gott möge uns dafür ehren. Wenn wir aber zu weit gehen und die Bibel höher halten als selbst die unumschränkte Herrschaft des Christus, riskieren wir es, in tragischer Ferne zu ihm zu bleiben ...

Christsein verlangt eine persönliche, aus erster Hand kommende Einsicht in den Willen Gottes, welche diese anderen, von Gott gegebenen Hilfen mit Freuden annimmt, aber damit noch nicht zu Ende ist."

Das Geheimnis von Führung liegt darin, die Stimme des Herrn zu hören.

Zusammenfassung

1. Der Heilige Geist leitet uns durch die Lehre der Bibel, wenn wir seine Führung suchen.

(a) Für viele Bereiche hat die Bibel bereits offenbart, was Gottes Wille ist.

(b) Gott kann seine Führung durch einen Abschnitt in unserer täglichen Bibellese bestätigen. Aber das sollte in keiner Angelegenheit die einzige Grundlage für Führung sein.

2. Der Heilige Geist spricht zu uns oft durch das Zeugnis der Umstände.

(a) Gott kann Umstände benutzen, um die Führung, die wir bereits erhalten haben, zu bestätigen oder um uns daran zu hindern, einen falschen Schritt zu tun.

(b) Aber in gewissem Maße kann auch Satan unsere Umstände bestimmen. So sind diese nicht immer ein Ausdruck des Willens Gottes.

(c) Gott kann uns manchmal im Gegensatz zu den Umständen führen. Wir können Gott bitten, seinen Willen durch Änderung der Umstände zu offenbaren.

(d) Gott kann bisweilen seine Führung durch ein Zeichen offenbaren. Die Suche nach Zeichen ist jedoch immer ein Kennzeichen geistlicher Unreife.

3. Der Heilige Geist kann durch den Rat von Gläubigen zu uns sprechen.

(a) Gott hat diese Vorsorge als Schutzmaßnahme gegeben, damit wir seinen Willen nicht verpassen.

(b) Der Rat von gottesfürchtigen Menschen wird uns befähigen, andere Aspekte einer bestimmten Angelegenheit, die wir möglicherweise nicht in Betracht gezogen haben, zu sehen.

(c) Es gibt einige Anlässe, bei denen wir dem Rat gottesfürchtiger Menschen Beachtung schenken sollten, und einige Anlässe, bei denen wir gegen ihren Rat handeln müssen.

Kapitel 5

Beruf und Berufung

Eines der ersten größeren Probleme von Führung, mit denen Jugendliche gewöhnlich konfrontiert werden, besteht darin, herauszufinden, welchen Beruf sie nach Gottes Willen ergreifen und wo sie arbeiten sollen.

Nicht nur wer darüber nachdenkt, in den christlichen Vollzeitdienst zu gehen, muss Gottes vollkommenen Willen dafür suchen, sondern jeder Christ. Wie in Kapitel 1 erwähnt, hat Gott für jedes seiner Kinder einen Beruf geplant. Es ist daher unbedingt notwendig, dass wir herausfinden, welcher Beruf das ist. Wenn Gott dich beruft, Lehrer an einer Schule zu sein, wärest du ungehorsam, wenn du Pastor würdest. Sei kein Evangelist, wenn Gott möchte, dass du Arzt bist. Ebenso sollst du keinen weltlichen Beruf ergreifen, wenn Gott dich ausschließlich im christlichen Dienst haben möchte.

Der Beruf nach Gottes Wahl

Trotzdem sollte jeder Gläubige ein Vollzeitzeuge für den Herrn Jesus Christus sein – auch wenn er nicht vollzeitlich im christlichen Dienst arbeitet. Ein christlicher Arzt, der nach seinem Beruf gefragt wurde, antwortete:

„Mein Beruf ist es, ein Zeuge für den Herrn Jesus Christus zu sein und Seelen zu ihm zu bringen. Ich arbeite als Arzt, um die Unkosten dafür zu bezahlen."

Dieser Mann hatte die richtige Sichtweise.

Wenn wir das Thema „Beruf" aus dieser Perspektive betrachten, müssen wir nicht befürchten, Gottes Willen zu verpassen. Aber wenn persönliches Vorwärtskommen und gesellschaftliches Ansehen unsere Wahl beeinflussen, dann kommen wir vom Weg ab.

Wie sollte ein junger Christ vorgehen, um Gottes Willen in diesem Bereich zu finden? Wenn ihm die Berufswahl noch offensteht, sollte er seine intellektuellen Neigungen und Fähigkeiten berücksichtigen und dann den Beruf erlernen, der am besten zu ihm passt. Er sollte aber erst nach viel Gebet einen Beruf wählen. Wenn ihn danach in seinem Geist nichts hindert, sollte er einfach den Beruf, für den er am besten geeignet ist, anstreben. Er sollte sich auf keinen Fall in einen Beruf drängen lassen, den jemand anders für ihn ausgesucht hat.

Wer schon an einer Universität studiert, ist vielleicht bei seiner Berufswahl eingeschränkt. Solche Studenten brauchen keine Angst zu haben, Gottes Willen verpasst zu haben. Gott ist souverän und kann Dinge wieder aufheben, wenn wir seine Wege nicht kennen. Er legt seine Hand auf uns und steuert unseren Kurs, ohne dass wir es wissen, lange bevor wir an den Punkt kommen, dass wir uns ihm hingeben. Erst nachdem er zu uns gesprochen hat, zieht er uns zur Verantwortung.

Der Platz nach Gottes Wahl

Während seiner Ausbildung sollte ein Christ viel Zeit im Gebet verbringen, dass Gott ihm die richtigen Informationen und Stellenangebote und Kontakte mit den richtigen Leuten und Institutionen gibt, damit er nach Abschluss seines Studiums an den von Gott gewählten Platz gehen kann. Er sollte die Worte des Herrn in *Matthäus 9,37* im Sinn behalten: *„Die Ernte ist groß, aber wenige sind der Arbeiter.“* Im Gehorsam gegenüber dem Gebot des Herrn in *Johannes 4,35* sollte er bestrebt sein, detaillierte Informationen über das Werk des Herrn in verschiedenen Teilen seines Landes und in der Welt zu erhalten. Er sollte bereit sein, überall hin zu gehen, wo Gott ihn gebrauchen kann – sei es als Lehrer, als Krankenschwester, als Ingenieur oder was auch immer sein Beruf sein mag. Es ist eine Schande, dass so viele nach persönlicher Bequemlichkeit trachten und kein

Interesse an der Verbreitung des Evangeliums oder der Errettung von Seelen haben.

Er muss dann den Rat und die Gebetsgemeinschaft mit reifen Gläubigen (an seinem Heimatort oder anderswo) suchen, die an ihm interessiert sind und die sich in dem Bereich auskennen, in dem er eine Arbeit sucht. Er sollte auch versuchen zu verstehen, was Gott ihm durch die Umstände sagt. Mit all diesen Informationen sollte er, wenn die Zeit der Entscheidung näher rückt, Gewissheit darüber suchen, was der Heilige Geist ihm in seinem Geist sagt. Er sollte schließlich seine Entscheidung auf dieses Zeugnis des Geistes in ihm gründen und darauf vertrauen, dass Gott die Situation wendet, falls er falsch liegen sollte.

Christlicher Vollzeitdienst

An dieser Stelle müssen ein paar Worte über den hauptberuflichen christlichen Dienst gesagt werden – also über die Berufung, ausschließlich als Missionar, Evangelist, Bibellehrer oder Pastor im Dienst des Wortes Gottes zu arbeiten.

Gott ruft nur einen kleinen Prozentsatz von Christen in einen solchen Dienst, wie er auch in Israel nur einen von zwölf Stämmen zum Tempeldienst berief. Aber er erwartet, dass alle seine Kinder bereit sind, wenn er sie berufen sollte. Jeder Gläubige sollte daher diese Berufung in Betracht ziehen und mit ganzem Herzen herauszufinden suchen, ob Gott ihn dafür einsetzen möchte. Wer in den hauptberuflichen christlichen Dienst eintritt, sollte vollkommen sicher sein, dass Gott ihn dazu berufen hat. Jeder in einem weltlichen Beruf sollte ebenfalls sicher sein, dass Gott ihn dort haben möchte. Die Berufung zum Evangelisten oder Missionar ist keine geistlichere Berufung als die zum Ingenieur oder Buchhalter. Wichtig ist, dass du das bist, was du nach Gottes Willen sein sollst.

Die Entscheidung für den christlichen Vollzeitdienst sollte kühl getroffen werden – nicht in der emotionalen Atmosphäre einer Versammlung und nicht unter dem Druck von Menschen. Überhastete

Entscheidungen werden gewöhnlich später bereut. Gott gibt uns immer ausreichend Zeit, um seinen Willen sicher zu erkennen, bevor wir entscheiden.

Die Berufung zum vollzeitlichen christlichen Dienst ist nicht leicht zu bestimmen. Wie bei jeder anderen Führung ergeht diese Berufung in unterschiedlicher Form an unterschiedliche Menschen. In einigen seltenen Fällen kann sie durch eine Vision oder durch eine hörbare Stimme geschehen. Esther Butler, Missionarin in China zu Beginn des 20. Jahrhunderts, die dort Pionierarbeit leistete, sagte, dass sie in einer Vision eine überfüllte chinesische Straße sah, als Gott sie zu diesem Werk berief. Bei ihrer Ankunft in Nanking konnte sie die Gesichter und Orte deutlich wiedererkennen.

An andere erging die Berufung als innerer Drang, basierend allein auf geheiligter Logik. John G. Paton ging als Missionar von Schottland zu den südpazifischen Inseln, weil er meinte, dass die Menschen dort weniger Gelegenheit hatten, die frohe Botschaft zu hören als die in Schottland. James Gilmour ging in die Mongolei, weil er, wie er sagte, keinen Ruf erhielt, in seinem Heimatland zu bleiben. Was sie dort leisteten, zeigt deutlich, dass sie in Einklang mit Gottes perfektem Willen für ihr Leben waren.

In welcher Form der Ruf kommt, ist unwichtig, aber jemand, der in den vollzeitlichen christlichen Dienst eintritt, kann sich nicht erlauben, seiner Berufung unsicher zu sein. Er kann sich nicht selbst für diesen Dienst anwerben, noch kann jemand anders ihn anwerben. Dieses Vorrecht bleibt für immer allein in Gottes Händen.

In den meisten Fällen wird jemand, der in den christlichen Vollzeitdienst berufen wird, erleben, dass Gott seine Berufung durch Umstände und durch geisterfüllte Gläubige bestätigt. Ausnahmen von dieser Regel kann es jedoch geben und gab es auch, denn Gott kann man in keine Schablone pressen. Doch einige Richtlinien kann man geben: Gott ruft solche, die in ihren weltlichen Berufen für sein Werk aktiv sind. Er spricht nur zu denen, die danach streben, in ihren gegenwärtigen Umständen seine Zeugen zu sein. Er belohnt die, die ihn eifrig suchen. Wir müssen auch bedenken, dass die Berufung

Gottes nichts Statisches ist. Gott kann dich für eine gewisse Zeit in eine hauptberufliche christliche Arbeit berufen und später dazu, in einem weltlichen Beruf sein Zeuge zu sein. Wir müssen bereit sein, in wechselnden Situationen und Umständen mit Gott zu gehen, und dürfen nicht in den Fesseln von Traditionen und Meinungen der Menschen bleiben.

Ob wir in einem weltlichen Beruf oder in einer vollzeitlichen christlichen Arbeit tätig sind – unsere Berufung besteht gleichermaßen darin, Diener Gottes zu sein. Die Art und der Wirkungsbereich unserer Arbeit mögen sich unterscheiden, aber wir sind alle berufen, den Herrn vor anderen Menschen würdig zu repräsentieren und sie zur rettenden Erkenntnis seiner selbst zu bringen. Gott hat in seinem großen Weinberg einen bestimmten Platz für dich. Wie es in einem Lied heißt: „Es gibt eine Arbeit für Jesus, die kann keiner tun außer dir." Es ist deine Verantwortung, herauszufinden, was diese Arbeit ist und dafür zu sorgen, dass du sie erfüllst.

„Gott hat dich zu deinem Dienst bestimmt – sieh zu, dass du ihm nicht untreu wirst" (Kol 4,17; TLB).

Zusammenfassung

1. Gott hat einen bestimmten Beruf für dich. Es ist deine Pflicht, ihn auszufüllen.

2. Jeder Christ ist unabhängig von seiner beruflichen Tätigkeit berufen, ein Vollzeit-Zeuge des Herrn Jesus zu sein.

3. Ein junger Mensch, der Gottes Führung in Bezug auf seinen Beruf sucht, sollte bestrebt sein, sich auf das, wofür er am besten geeignet ist, vorzubereiten, wenn Gott ihm keinen gegenteiligen Hinweis gibt.

4. Wenn er eine Arbeit sucht, sollte er sich darüber informieren, was für das Werk des Herrn an den verschiedenen Orten gebraucht wird. Er sollte viel beten, Rat bei reifen Gläubigen suchen, alle Umstände genau bedenken und sich schließlich vom inneren Zeugnis des Heiligen Geistes leiten lassen.

5. Niemand sollte ohne eine klare Berufung von Gott in den christlichen Vollzeitdienst gehen.

6. Die Berufung Gottes ist etwas Dynamisches. Wir müssen bereit sein, mit ihm in ein neues Arbeitsgebiet zu ziehen, sobald er uns dazu aufruft.

Kapitel 6

Abschließende Überlegungen

Mittlerweile sollte es dem Leser klar sein, dass es keine perfekte Formel für unfehlbare Führung gibt. Sehr oft werden wir Ratlosigkeit begegnen, wenn wir Gottes Willen suchen. Gott lässt dies zu, damit wir eine engere Beziehung zu ihm suchen und auf diese Weise seine Gedanken besser kennenlernen und mehr von seinem Leben empfangen.

Zeiten der Ungewissheit werden von Gott auch benutzt, um unsere Motive zu prüfen. Wenn wir uns über Gottes Willen unsicher sind, sollten wir uns selbst prüfen, um zu sehen, ob wir die Bedingungen für seine Führung erfüllen (wie in Kapitel 2 erwähnt).

Gott benutzt Ratlosigkeit auch, damit wir unseren Glauben ausüben und stärken:

„Wer ist unter euch, der den Herrn fürchtet und seinem Knecht (dem Herrn Jesus) gehorcht? Wenn ein solcher Mensch in Finsternis wandelt, ohne einen Lichtstrahl, der vertraue auf den Herrn und verlasse sich auf seinen Gott" (Jes 50,10; TLB).

Wir sollten daher nicht überrascht oder entmutigt sein, wenn wir ratlos und verwirrt sind. Sogar der Apostel Paulus war oft ratlos, aber er verzweifelte nie und gab niemals auf *(2Kor 4,8).* Gott zeigt uns manchmal seinen Willen erst, kurz bevor wir eine Entscheidung treffen müssen, und lässt uns davor lange warten.

In jedem Fall wird er uns in jeder Phase immer nur den nächsten Schritt zeigen. Er führt uns schrittweise, weil er möchte, dass wir uns Tag für Tag auf ihn verlassen und dass wir im Glauben und nicht im Schauen wandeln. Wenn er uns nur einen Schritt nach dem anderen zeigt, sind wir gezwungen, uns auf ihn zu verlassen. Wenn Gott uns die ganze Zukunft zeigte, wäre es ziemlich wahrscheinlich, dass wir ihm nicht vollkommen gehorchen würden. Daher zeigt er uns nur einen Schritt nach dem anderen und macht uns nach und nach bereit, seinen ganzen Willen zu tun. Alles, was wir jeweils tun müssen, um Gottes Willen für unser Leben zu finden, besteht daher darin, dass wir den nächsten Schritt tun, den Gott uns zeigt. Wenn wir das tun, werden wir feststellen, dass sich Gottes Plan Schritt für Schritt entfaltet.

Ein altes chinesisches Sprichwort lautet: „Eine Reise von tausend Meilen beginnt mit einem einzigen Schritt."

Abraham zog aus seinem Vaterland aus, ohne zu wissen, wohin er gehen würde. Er wusste nur, dass Gott ihn führte *(Hebr 11,8)*. Er gehorchte Gott mit jedem Schritt und Gott enttäuschte ihn nicht. Niemand, der Gott wie Abraham folgt, braucht jemals Enttäuschung zu fürchten.

Befreiung von Unentschlossenheit

Oft werden wir einen Schritt nach vorne machen müssen, wenn wir uns über Gottes Willen immer noch nicht ganz sicher sind. Auch dies ist ein Teil der Disziplin, im Glauben zu wandeln, denn Gewissheit kann manchmal dem Wandel im Schauen entsprechen. Gott gibt uns manchmal klare Zusicherungen, damit wir nicht entmutigt werden. Aber oft erwartet er von uns, dass wir ohne sichtbare Beweise seiner Zustimmung vorangehen. Nachdem wir die Absichten des Heiligen Geistes nach unserem besten Wissen erforscht haben, sollten wir ohne endlos zu warten vorangehen. Die Bibel sagt: *„Wir sollen Pläne machen – und darauf bauen, dass Gott uns leitet" (Spr 16,9; TLB)*. Wenn wir später auf solche Entscheidungen zurückschauen, werden wir feststellen, dass Gott uns trotz unseres unklaren Blicks nicht auf Abwege geraten ließ. Mit anderen Worten: Im Hinblick auf das Kommende mag es große Ungewissheit geben, aber im Rückblick wird es Gewissheit und Freude geben.

„Die Trübheit meiner eigenen Sicht macht mich sicher – denn auf meinem nebeligen Pfad spüre ich seine Hand. Ich höre, wie er zu mir sagt: ‚Meine Hilfe ist dir sicher'."

J. Oswald Chambers sagt in *„Spiritual Leadership"*:

„Wer selbst nicht in einer Leitungsposition ist, mag meinen, dass größere Erfahrung und ein langjähriger Wandel mit Gott dazu führen, dass man in verworrenen Situationen den Willen Gottes viel leichter finden kann. Aber das Gegenteil ist oft der Fall. Gott behandelt den Leiter als einen reifen Erwachsenen und überlässt ihn immer mehr seinem geistlichen Urteilsvermögen und gibt ihm weniger spürbare und greifbare Beweise seiner Führung als in früheren Jahren."

Hudson Taylor, Gründer der „China Inland Mission" sagte einmal in Bezug auf Führung, dass ihm die Dinge in jüngeren Jahren gewöhnlich so deutlich und schnell zufielen. „Aber", sagte er, „nun, da ich vorangegangen bin und Gott mich mehr und mehr gebraucht hat, gleiche ich oft einem Mann, der durch den Nebel schreitet. Ich weiß nicht, was ich tun soll" (zitiert in *„D.E. Hoste"* von Phyllis Thompson).

Und doch hat Gott das Vertrauen von Hudson Taylor bei jeder Entscheidung, die er treffen musste, geehrt.

Falls wir einen Schritt in Unsicherheit tun und dabei den Pfad des vollkommenen Willens Gottes verfehlen, können wir ihm vertrauen, dass er uns befreien wird. Die Verheißung in *Jesaja 30,21 (TLB)* lautet:

„Wenn du Gottes Weg verlässt und fehlgehst, wirst du hinter dir eine Stimme sagen hören: Nein, dies ist der Weg; wandle darauf."

Gott kann die Umstände ordnen, um unseren Kurs zu ändern, falls wir den richtigen Weg verfehlen. Aber wir sollten nicht ständig in Untätigkeit verharren, indem wir für jeden Schritt auf eine spektakuläre Führung warten. Ein Schiff kann man viel schneller wenden, wenn es in Bewegung ist und nicht vor Anker; dasselbe trifft auf uns zu.

In *Apostelgeschichte 16,6-10* versuchten Paulus und Silas nach Asien zu gehen, nicht weil sie eine klare Leitung vom Herrn hatten, sondern weil sie das Verlangen hatten, seinen Willen zu tun. Sie wurden daran gehindert – vielleicht von Umständen, die Gott angeordnet hatte. Als Nächstes versuchten sie, nach Bithynien zu gehen. Wiederum wurde ihr Weg blockiert. Aber weil sie aktiv Gottes Willen suchten und nicht passiv auf Führung warteten, führte er sie schließlich an den Ort seiner Wahl – Mazedonien.

In den kleineren Details des Lebens ist Führung nicht unbedingt eine Frage ständigen Nachforschens. Es geht um ein Wandeln im Geist. Eine richtige Beziehung zum Herrn wird dich zum richtigen Handeln führen. In den kleinen Details ist die Führung Gottes nicht etwas, dessen wir uns die ganze Zeit scharf bewusst sein sollten. Wir mögen uns dieser Führung gar nicht bewusst sein. Der wichtigste Faktor ist unsere grundlegende Beziehung mit dem Herrn, denn Führung ist etwas Geistliches und keine mechanische Technik.

Befreiung von Bedauern

Vielleicht quälen manche von uns Gefühle des Bedauerns über Fehler in der Vergangenheit. Vielleicht haben wir Gottes Willen in einer bestimmten Angelegenheit verfehlt und sind nun nicht mehr in der Lage, das zu korrigieren. Aber Bedauern ist nutzlos, denn es würde nur an unserer geistlichen Vitalität zehren und uns für jeden Dienst für Gott untauglich machen. Versagen sollte Gott gegenüber bekannt werden, der treu ist und uns sofort vergibt und uns reinigt *(1Joh 1,7.9)*. Er hat uns auch versprochen, unserer früheren Sünden nicht mehr zu gedenken *(Hebr 8,12)*. Wenn Gott nicht auf unserer Vergangenheit herumreitet, gibt es für uns keine Notwendigkeit, uns deswegen zu martern. Wir sollten diesen Verfehlungen daher ein für alle Mal den Rücken kehren. Es mag nicht möglich sein, die groben Fehler zu beheben, aber wir können den Herrn bitten, den Rest unseres Lebens zu seiner Ehre zu gebrauchen.

David sank sehr tief, als er mit Batseba sündigte und danach ihren Ehemann Uria tötete. Doch statt den Rest seines Lebens mit Bedauern zu verbringen, kam er in Gebrochenheit und Buße zurück zu

Gott. Er nahm Gottes Vergebung an und lebte danach zur Ehre Gottes. Der Heilige Geist berichtete später, dass David dem Herrn in seinem ganzen Leben wohlgefiel, außer in der Sache mit Batseba *(1Kön 15,5)*. Wenn David zugelassen hätte, dass Bedauern sein Gewissen plagt, hätte er den Herrn nur noch mehr betrübt. Wer ständig mit einer Last von Bedauern in seinem Sinn lebt, erreicht damit nur, dass er weiter Versagen auf Versagen häuft. Wir müssen vergangene Fehler vergessen und uns danach ausstrecken, Gottes Willen zu erfüllen *(vgl. Phil 3,13-14)*. Gott kann uns die Jahre, die verloren gingen, wiedererstatten *(Joel 2,25)*.

Eine andere Versuchung besteht darin, dass wir über eine vergangene Entscheidung bekümmert sind, von der wir damals glaubten, dass sie dem Willen Gottes entsprach, was wir nun jedoch bezweifeln. Vielleicht hat uns die Entscheidung in Schwierigkeiten gebracht. Oder vielleicht sind wir uns jetzt einiger Tatsachen bewusst, die uns, wenn wir sie damals gekannt hätten, zu einer anderen Entscheidung geführt hätten. Folgenden Grundsatz sollten wir immer beachten: „Bezweifle niemals in der Dunkelheit, was Gott dir im Licht gezeigt hat.“ Wenn wir den Willen Gottes ernsthaft gesucht und gemäß dem Licht, das wir damals hatten, entschieden haben, dann besteht keine Notwendigkeit, jetzt mit Bedauern zurückzublicken. Gott ist kein grausamer Despot, der Freude daran hat, uns zum Narren zu halten. Er ist ein liebevoller Vater und wird uns keinen Stein geben, wenn wir um Brot bitten. Wenn wir Gottes Willen aufrichtig gesucht haben, dann können wir sichergehen, dass Gott alles außer Kraft setzen kann, damit wir die richtige Entscheidung treffen können. Sogar Tatsachen, derer wir uns damals nicht bewusst waren, müssen mit einer bestimmten Absicht von Gott zurückgehalten worden sein.

Gott gab Paulus und Silas in Troas klare Anweisungen, nach Mazedonien zu gehen – und sie gingen umgehend dorthin. Doch bald nach ihrer Ankunft wurden sie ins Gefängnis geworfen und ihre Füße in den Block gelegt. Sie hätten sich fragen können, ob sie die Führung falsch verstanden hatten. Hätten sie ihr Schicksal im Voraus gekannt, hätten sie Troas wahrscheinlich nie verlassen. Aber Gott gab ihnen keine Warnung. Obwohl sie ins Gefängnis geworfen wurden, vertrauten Paulus und Silas auf Gott. Sie weigerten sich, in der Dunkelheit an dem zu zweifeln, was Gott im Licht offenbart hatte, und fuhren fort, ihn zu loben *(Apg 16,8-26)*. Später zeigten die Ereignisse deutlich, dass sie tatsächlich im Willen Gottes waren. Der Umstand, dass wir in Schwierigkeiten geraten, ist an sich kein Hinweis, dass wir außerhalb von Gottes Willen sind. Wenn wir Gott vertrauen, werden wir ihn in der tiefsten Finsternis ohne Bedauern preisen.

Befreiung von Angst

Die Furcht vor Menschen und Umständen kann dazu führen, dass wir Gottes Willen verfehlen. Viele Christen lassen sich von Sicherheitsüberlegungen leiten, wenn sie Gottes Leitung suchen. Sie glauben, dass bestimmte Orte oder Berufe zu unsicher und gefährlich sind und schließen diese von vornherein aus ihren Überlegungen aus. Aber es gibt keinen Ort oder Beruf in dieser Welt, der völlig frei von Gefahr ist. Der sicherste Ort in der ganzen Welt ist immer das Zentrum von Gottes vollkommenem Willen. Wir geraten nur dann in Gefahr, wenn wir den Plan Gottes verlassen. Wer seine Entscheidungen trifft, ohne Gottes Führung zu suchen, wird ungeschützt vor Satans Angriffen sein.

Aber *„wer am festgesetzten Platz des Allerhöchsten lebt und arbeitet, der wird durch den Schatten des Allmächtigen geschützt werden“ (Ps 91,1; adaptiert).*

Auch wir müssen von der Angst, Fehler zu machen, befreit werden. Der Einzige, der nie einen Fehler macht, ist derjenige, der nie etwas tut. Wir sind Schüler in der Schule Gottes und wir werden zweifellos gelegentlich Fehler machen. Aber der Herr ist stets nahe und bereit, die Dinge wieder geradezurücken. Niemand außer dem Herrn Jesus Christus hat je gelernt, in Gottes vollkommenem Willen zu wandeln, ohne viele Fehler zu machen. Die größten Heiligen lernten, in Gottes Willen zu wandeln, wie ein Kind laufen lernt – indem sie oft hinfielen. Das Kind, das Angst vor dem Hinfallen hat, wird niemals laufen lernen! Wir dürfen niemals zulassen, dass uns die Angst davon abhält, vorwärts zu gehen. Nach Gottes Willen zu leben wird nicht einfach sein, aber es ist ein großes Abenteuer, mit ihm zu gehen, und er hat versprochen, uns zu halten, wenn wir fallen:

„Die Schritte eines Gerechten werden vom Herrn geführt … Wenn sie fallen, ist es nicht schlimm, denn der Herr hält sie bei seiner Hand" (Ps 37,23-24; TLB).

Letztlich denke daran, dass Führung im Wesentlichen eine persönliche Angelegenheit zwischen dir und Gott ist. Die Art und Weise, wie Gott eine andere Person geführt hat, kann niemals die Art und Weise sein, wie er dich führt. Die generellen Prinzipien sind für alle Christen gleich, aber die genaue Methode unterscheidet sich von Person zu Person. Es wird dich nur verwirren, wenn du dieselbe Art der Führung suchst, die dir jemand anders in seinem Zeugnis beschrieben hat. Überlass es Gott, wie er dich führen wird. Lass es dein Anliegen sein, immer bereit zu sein zu tun, was er von dir möchte. Er wird es zu seinem Anliegen machen, sicherzustellen, dass du dir seines Willens bewusst wirst, und dass du die Kraft hast, ihn zu erfüllen.

Zusammenfassung

1. Gott erlaubt Ratlosigkeit, damit wir ihn besser kennenlernen. Er prüft auch unsere Motive und stärkt dadurch unseren Glauben.

2. In den meisten Fällen sollten wir vorangehen, sogar wenn wir Gottes Willen nur vage erkennen, vorausgesetzt, wir haben den Sinn des Geistes nach unserem besten Wissen erforscht.

3. Wir sollten nicht mit Bedauern auf frühere Fehler und frühere Entscheidungen zurückblicken.

4. Wir dürfen niemals zulassen, dass uns die Angst vor Gefahr oder die Angst, einen Fehler zu machen, in fortwährender Untätigkeit festhält.

5. Wir sollten es Gott überlassen, wie er uns führen möchte.

Eine kleine Zugabe

Das wahre und das falsche Evangelium

Christen teilt man üblicherweise nach folgenden Kategorien in jeweils zwei Gruppen ein:

(1) „Katholiken“ und „Protestanten“ – abhängig von der Geburt;

(2) „Episkopal“ (konformistisch) und „freikirchlich“ (nonkonformistisch) – abhängig vom Kirchenmodell;

(3) „Wiedergeborene Christen“ und „Namenschristen“ – abhängig von einer „Erfahrung“;

(4) „Evangelikale“ und „Liberale“ – abhängig von der Lehre;

(5) „Charismatiker“ und „Nicht-Charismatiker“ – abhängig vom „Zungenreden“;

(6) „Christen im vollzeitlichen Dienst“ und „Laien“ – abhängig vom Beruf.

Man könnte noch weitere Einteilungen dieser Art vornehmen. Aber keine davon befasst sich mit der Wurzel des Problems, zu dessen Lösung der Herr gekommen ist.

Viele wissen, dass „Christus für unsere Sünden gestorben“ ist (1Kor 15,3). Aber viele wissen nicht, dass die Bibel lehrt, dass Christus auch gestorben ist, „damit wir nicht länger für uns selbst leben, sondern für ihn“ (2Kor 5,15).

Eine schriftgemäßere Art, Christen einzuteilen, wäre deshalb folgende: „Solche, die für sich selbst leben“ und „solche, die für Christus leben“; oder „solche, die das Ihre suchen“ und „solche, die das des Christus suchen“; oder „solche, die zuerst nach irdischen Dingen trachten“ und „solche, die zuerst nach dem Reich Gottes trachten“;

oder „solche, die Geld lieben" und „solche, die Gott lieben" (Jesus sagte, dass es unmöglich ist, beide zu lieben – Lk 16,13).

Aber ich habe nie gehört, dass jemand derartige Kategorien verwendet. Sie befassen sich mit dem inneren Leben eines Christen und seinem persönlichen Wandel mit Gott, während die vorher erwähnten Kategorien sich mit den Äußerlichkeiten seines Lebens befassen. Der Himmel aber teilt die Christen nach den letzteren Kategorien ein. Und wenn das so ist, dann ist diese Art der Kategorisierung die einzige, die zählt! Hierbei können andere Menschen uns nicht einordnen. Wir müssen es selbst tun; denn niemand außer uns kennt unsere innersten Motive und Sehnsüchte. Selbst unsere Ehepartner wissen vielleicht nicht, wofür wir wirklich leben.

Unser Herr ist nicht in erster Linie deshalb gekommen, um den Menschen eine Lehre oder ein Kirchenmodell zu geben oder sie in Zungen reden zu lassen oder ihnen eine besondere Erfahrung zu geben!

Er kam, „um uns von unseren Sünden zu retten". Er kam, um die Axt an die Wurzel des Baumes zu legen. Und die Wurzel der Sünde ist: Auf uns selbst zentriert zu sein, das Unsere zu suchen, unseren eigenen Willen zu tun. Wenn wir es nicht zulassen, dass der Herr diese „Wurzel" radikal abhaut und ausreißt, werden wir nur oberflächliche Christen sein. Satan kann uns jedoch so verführen, dass wir uns wegen unserer Lehre oder unserer Erfahrung oder unseres Kirchenmodells sogar für bessere Christen als andere halten!

Satan kümmert es nicht, wenn unsere Lehre, Erfahrung und Kirchenmodell alle richtig sind, solange wir nur weiterhin „für uns selbst leben" (was übrigens nur eine andere Bezeichnung für „in Sünde leben" ist). Die heutige Christenheit ist voll von Christen, die das Ihre suchen und für sich selbst leben und doch überzeugt sind, dass Gott sie als die besseren Christen ansieht, nur wegen lehrmäßiger Unterschiede, wegen ihres Gemeindemodells oder ihrer besonderen „Erfahrungen". Das zeigt, welch ein großes Werk Satan in der Christenheit gelungen ist.

In Johannes 6,38 sagt unser Herr, dass er vom Himmel auf die Erde kam,

(1) um seinen menschlichen Willen (den er erlangte, als er als Mensch auf die Erde kam) zu verleugnen; und

(2) um als Mensch den Willen seines Vaters zu tun.

Darin wurde er für uns zu einem Vorbild.

Während seines ganzen irdischen Lebens – in all seinen 33½ Jahren – verleugnete Jesus seinen eigenen Willen und tat den Willen seines Vaters. Und er sagte seinen Jüngern eindeutig, dass jeder, der sein Jünger sein will, denselben Weg gehen müsse. Er kam, um die Wurzel der Sünde in unserem Leben zu treffen – nämlich „unseren eigenen Willen zu tun" – und um uns davon zu erretten.

In der Wissenschaft hat der Mensch Jahrtausende lang den Fehler gemacht zu glauben, dass die Erde das Zentrum des Universums sei. So sah es aus für das menschliche Auge; denn Sonne Mond und Sterne scheinen sich tatsächlich einmal in 24 Stunden um die Erde zu drehen. Es brauchte den Mut eines Kopernikus, der vor gerade einmal 500 Jahren diese allgemeine Auffassung in Frage stellte und zeigte, dass sie völlig falsch war, und dass die Erde mitnichten das Zentrum des Sonnensystems ist, geschweige denn des Universums. Er zeigte, dass die Erde geschaffen wurde, um auf die Sonne ausgerichtet zu sein. Solange der Mensch das falsche Zentrum hatte, waren seine wissenschaftlichen Berechnungen und Ableitungen falsch – weil sein Zentrum falsch war. Aber nachdem der Mensch einmal das richtige Zentrum entdeckt hatte, wurden seine Berechnungen und Ableitungen richtig.

Dasselbe trifft auf uns zu, wenn wir „selbstzentriert" bleiben, statt „gottzentriert" zu sein. Unser Verständnis der Bibel und des vollkommenen Willens Gottes (unsere Berechnungen und Ableitungen) sind dann falsch. Aber dabei bilden wir uns ein, wir hätten Recht, so wie es die Menschen 5.000 Jahre lang taten! Tatsächlich liegen wir hundertprozentig daneben.

Dasselbe sehen wir heute unter vielen „guten Christen". Sie haben so viele verschiedene Auslegungen derselben Bibel – und dabei ist jeder überzeugt, dass allein seine Auslegung richtig und alle anderen falsch sind. Die anderen, so sagen sie, sind „verführt". Warum ist das so? Weil sie ein falsches Zentrum haben.

Der Mensch wurde geschaffen, um auf Gott, nicht auf sich selbst ausgerichtet zu sein. Wenn Christen ein falsches Zentrum haben, dann wird auch ihr „Evangelium" falsch sein. Im Grunde werden heute nur zwei Evangelien gepredigt – eines, bei dem der Mensch im Zentrum steht und eines, bei dem Gott im Zentrum steht.

Das menschenzentrierte Evangelium verheißt dem Menschen, dass Gott ihm alles geben wird, um das Leben auf Erden komfortabel zu machen und am Ende seines Lebens außerdem einen Platz im Himmel. Man sagt dem Menschen, dass Jesus ihm alle Sünden vergeben und alle Krankheiten heilen wird, dass er ihn segnen und materiellen Erfolg geben wird, dass er alle irdischen Probleme lösen wird usw.

Bei einem solchen Menschen bleibt sein Ich im Zentrum seines Lebens und Gott dreht sich um ihn – als sein Diener, der jedes Gebet erhört und ihm alles gibt, was er will! Alles was er dafür tun muss, ist zu „glauben" und „in Jesu Namen jeden materiellen Segen in Anspruch zu nehmen"!

Das ist ein falsches Evangelium, denn von „Buße" ist keine Rede. Buße ist das, was Johannes der Täufer, Jesus, Paulus, Petrus und alle Apostel zuallererst predigten. Und Buße wird heute leider überhaupt nicht mehr gepredigt, nicht mal als Allerletztes.

Das Evangelium, bei dem Gott im Zentrum steht, ruft dagegen den Menschen zur Buße auf und es erklärt, was Buße bedeutet:

Sich ABZUWENDEN vom Ich als dem Zentrum des Lebens, davon, den eigenen Willen zu tun, selbstgewählte Wege zu gehen, das Geld zu lieben, die Welt und die Dinge der Welt zu lieben (die Lust des Fleisches, die Lust der Augen und den Hochmut des Lebens) usw. und sich HINZUWENDEN zu Gott, ihn von ganzem Herzen zu lieben, ihn zum Zentrum des Lebens zu machen und hinfort seinen Willen zu tun.

Nur dann kann der Glaube an Christi Tod am Kreuz dem Menschen seine Sünden vergeben, wenn er Buße tut und umkehrt. Dann kann er die Kraft des Heiligen Geistes empfangen, die ihn befähigt, sich selbst täglich zu verleugnen und ein gottzentriertes Leben zu führen. Das ist das Evangelium, das Jesus und die Apostel predigten.

Das falsche Evangelium macht die Pforte weit und den Weg breit (und leicht zu gehen, denn man muss nicht sein Ich verleugnen oder aufhören, für sich und seinen eigenen Vorteil zu leben). Millionen besuchen Versammlungen, wo ein solches falsches Evangelium gepredigt wird. Und viele gehen durch diese Pforte ein und wandeln auf diesem Weg, im Glauben, dass er zum Leben führt. Aber in Wirklichkeit führt er zum Untergang. Die Verkünder dieses Evangeliums brüsten sich und berichten von großen Mengen von Menschen, die in ihren Versammlungen „die Hand hoben und sich für Christus entschieden". Aber das ist alles Täuschung. Wenn auch manche sich bei solchen Versammlungen aufrichtig bekehren, enden viele dieser „Bekehrten" als „doppelte Kinder der Hölle" (Mt 23,15), getäuscht über ihren wahren Zustand.

Das wahre Evangelium dagegen macht die Pforte eng und den Weg schmal – nicht enger oder schmaler als Jesus selbst sie machte, wie einige „supergeistliche" Sektierer es tun, sondern genauso wie Jesus es tat. Wenige nur finden diesen Weg zum Leben. Und die Verkünder dieses Evangeliums können keine beeindruckenden Berichte und Statistiken vorweisen. Aber dieses Evangelium führt Menschen zum Herrn Jesus und in den Himmel.

„So seht nun darauf, wie ihr zuhört. Wer dem gehorcht, was er gehört hat, dem wird mehr Licht und Verständnis gegeben werden. Aber wer dem, was er gehört hat, nicht gehorcht, dem wird sogar das Licht und das Verständnis, das er zu haben meint, weggenommen werden" (Lk 8,18; frei übertragen).

Wer Ohren hat zu hören, der höre.

Weitere Artikel von Zac Poonen und von anderen CFC-Autoren, die kostenlos heruntergeladen werden können, findest du auf der Webseite deutsch.cfcindia.com

Christian Fellowship Centre (CFC)

Die Gemeinde von Gläubigen, die sich heute im „Christian Fellowship Centre“ versammelt, begann im August 1975 in Bangalore, als sich einige Familien zum ersten Mal trafen und sich entschieden, zuerst selbst Jünger des Herrn Jesus Christus zu sein und dann im Gehorsam gegenüber dem Auftrag des Herrn in Matthäus 28,18-20 Menschen zu Jüngern zu machen. Sie betonen besonders die Neugeburt, innere Heiligkeit, gegenseitige Liebe, moralische Reinheit, finanzielle Integrität und das Weitergeben der Wahrheit Gottes an andere. Dabei gründen sie jeden Aspekt ihres Lebens allein auf Gottes Wort.

CFC ist organisatorisch mit keiner anderen Gruppe oder Kirche verbunden. In unserem Glauben sind wir evangelikal und nehmen alle, die Glieder am weltweiten Leib Christi sind, mit Freuden auf.

Weitere Informationen über CFC sowie zahlreiche Artikel, Bücher, Audio-Bibelstudien und Video-Predigten, die alle kostenlos heruntergeladen werden können, findest du auf den Webseiten/Kanälen:

www.cfcindia.com (englisch)
und
deutsch.cfcindia.com und lies-das-evangelium.de

sowie auf YouTube:

YouTube-Kanal: CFC India

YouTube-Kanal: CFC Deutsch

Hinweis: Die auf der Umschlagrückseite aufgelisteten Bücher von Zac Poonen sind im Internet bei verschiedenen Verlagen (Amazon.de, Apple iTunes, Google Play, Neobooks, Weltbild, Thalia u.a.) als E-Book erhältlich. Auf Amazon.de und booklooker.de können inzwischen zehn Titel auch als Taschenbuch bezogen werden. Sie können auch als PDF-Datei kostenlos von der Webseite deutsch.cfcindia.com heruntergeladen werden.